La familia llena del Espíritu

T0056220

La familia llena del Espíritu

Jack W. Hayford
Editor general

GRUPO NELSON
Una división de Thomas Nelson Publishers
Desde 1798

NASHVILLE   DALLAS   MÉXICO DF.   RÍO DE JANEIRO

Título en inglés: *The Spirit-Filled Family: Holy Wisdom to Build Happy Homes*
© 1994 por Jack W. Hayford
Publicado por Thomas Nelson, Inc.

Traducción: *Miguel A. Mesías*

ISBN: 978-0-89922-517-3

Impreso en Estados Unidos de América

CONTENIDO

La familia llena del Espíritu: Sabiduría santa para edificar hogares felices es una de la serie de guías de estudio que se enfocan en abarcar los libros y temas de poder de la Biblia en forma emocionante, dirigida al descubrimiento; todas ellas estimulando la vida dinámica y llena del Espíritu Santo.

Acerca del Editor General

JACK W. HAYFORD, destacado pastor, maestro, escritor y compositor, es el Editor General de toda la serie, trabajando junto a la editorial en la planificación y desarrollo de cada uno de los libros.

El Dr. Hayford es pastor principal de *The Church On The Way*, la Primera Iglesia Cuadrangular de Van Nuys, California. Él y su esposa, Anna, tienen cuatro hijos casados, activos en el ministerio pastoral o en una vital vida de iglesia. Como Editor General de la *Biblia Plenitud*, el pastor Hayford dirigió un proyecto de cuatro años que ha dado como resultado la disponibilidad de una de las Biblias más prácticas y populares en la actualidad. Es autor de más de veinte libros, entre ellos: *Anhelo de plenitud, La belleza del lenguaje espiritual, La clave de toda bendición, La oración invade lo imposible*. Sus composiciones musicales abarcan más de cuatrocientas canciones, entre las que se incluye el muy difundido himno «Majestad».

Acerca de la autora

REBECCA HAYFORD BAUER es ama de casa, madre y escritora. Su esposo, Scott, es pastor asociado de *The Church On The Way*, en Van Nuys, California. Además de servir como asistente editorial en el Departamento de Gráficos de la iglesia, equipo que organizó antes de que sus deberes de madre le exigieran más de su tiempo, Becki es escritora por derecho propio. Con sus habilidades, con frecuencia es la clave para la publicación de muchos de los libros escritos por su padre, el pastor Jack Hayford.

Es graduada de la Universidad Bíblica *LIFE* y ha realizado estudios de posgrados en la Universidad Pierce de Los Ángeles. Rebecca y Scott empezaron su familia cuando él estaba apenas acabando sus estudios en el Seminario Fuller y se mudaron a la parte central de California para asumir su primer pastorado. Tienen tres hijos: Brian, Kyle y Lindsey.

Acerca de esta colaboradora el Editor General ha comentado: «Alegra el corazón ver la hija de uno comprometida a Cristo y al ministerio, pero aún más debido a que es una creyente muy disciplinada, esposa dedicada, sierva diligente y madre consagrada. Escribe sobre temas de la familia a partir de una base de sólida experiencia y éxito genuinos como esposa y mamá».

LLAVES QUE SIEMPRE LIBERAN

Y a ti te daré las llaves del reino de los cielos; y todo lo que atares en la tierra será atado en los cielos; y todo lo que desatares en la tierra será desatado en los cielos. (Mt 16.19)

Aunque no hay una lista específica de cuáles eran exactamente las llaves a las que Jesús se refería, está claro que confirió a su Iglesia —a *todos* los que creen— el acceso a una esfera de compañerismo espiritual con Él en el dominio de su Reino. Las «llaves» a este compañerismo son *conceptos*: temas bíblicos que promueven vitalidad espiritual cuando se aplican con fe basada sólidamente en el señorío de Jesucristo. El «compañerismo» es el rasgo *esencial* de esta descarga de gracia divina; (1) los creyentes buscan *recibir* la promesa de Cristo en cuanto a «las llaves del reino», (2) a la vez eligen *creer* en la disposición del Espíritu Santo de poner en acción su liberador e ilimitado poder en nuestros días.

Acompañadas por la serie *Guías para explorar la Biblia*, los estudios de las Dinámicas del Reino ofrecen una variedad de temas. Esta serie brota de los temas de Dinámicas del Reino que se incluye a través de la *Biblia Plenitud*.

El objetivo central de esta serie de guías de estudio es ayudarle a descubrir los «puntos de poder» de la vida llena del Espíritu Santo. Para ayudarlo en sus descubrimientos contará con un número de elementos auxiliares. Cada guía de estudio tiene de doce a catorce lecciones, las cuales se han preparado de modo que pueda sondear las profundidades o rozar la superficie, según sus necesidades e intereses. Además, cada lección contiene aspectos principales destacados por un símbolo y un encabezamiento para su fácil identificación.

RIQUEZA LITERARIA

Esta sección contiene importantes definiciones de palabras clave.

ENTRE BASTIDORES

Provee información acerca de las creencias y las prácticas culturales, las disputas doctrinales, las actividades comerciales y aspectos
semejantes que aclaran los pasajes bíblicos y sus enseñanzas.

DE UN VISTAZO

En esta sección se incluyen mapas y gráficos para identificar los
lugares, además de simplificar los temas o las posiciones.

INFORMACIÓN ADICIONAL

Como esta guía enfoca un tema de la Biblia, esta sección lo orien-
tará hacia la consulta de recursos bíblicos como: diccionarios, en-
ciclopedias y otros, que le permitirán obtener más provecho de la
riqueza que el mismo ofrece, si así lo desea.

SONDEO A PROFUNDIDAD

Esta parte explicará asuntos controversiales que plantean determinadas lecciones; se citarán pasajes bíblicos y otras fuentes que le
ayudarán a llegar a sus propias conclusiones.

FE VIVA

Por último, cada lección contiene esta sección. Aquí la pregunta
clave es: ¿Y ahora qué? Una vez que he visto lo que dice la Biblia,
¿qué significa esto para mi vida? ¿Cómo puede influir en mis necesidades cotidianas, mis heridas, mis relaciones personales, mis
preocupaciones y todo aquello que es importante para mí? FE VIVA

lo ayudará a percibir y aplicar las derivaciones prácticas de este regalo literario que Dios nos ha dado.

Como podrá observar, estas guías incluyen espacio para que conteste las preguntas, haga los ejercicios correspondientes al estudio y ponga en práctica lo aprendido. Quizás desee anotar todas sus respuestas o el resultado de lo que ha obtenido mediante su estudio y aplicación en un cuaderno separado o en un diario personal.

El método de estudio bíblico que se utiliza en esta serie sigue cuatro pasos básicos. La **observación** responde a la pregunta: ¿Qué dice el texto? La **interpretación** analiza: ¿Qué significa el texto? (no lo que creamos usted o yo, sino su significado para sus lectores originales). La **correlación** pregunta: ¿Qué luz arrojan otros pasajes de la Biblia sobre el texto? Y la **aplicación**, que es la meta del estudio bíblico, plantea lo siguiente: ¿En qué aspectos debiera cambiar mi vida en respuesta a lo que el Espíritu Santo me enseña a través de este pasaje?

Si está familiarizado con la lectura de la Biblia, sabe que puede disponer de ella en una variedad de traducciones y paráfrasis. Si bien cualquiera de ellas puede usarse con provecho para trabajar con las *Guías para las Dinámicas del Reino* de la Serie Vida en Plenitud, los versículos y palabras citados se han tomado de la Versión Reina Valera, revisión de 1960. El uso de dicha Versión en esta serie hará más fácil su estudio, aunque no es un requisito.

Cabe, sin embargo, una palabra de advertencia. El estudio de la Biblia, por sí mismo, no transformará su vida. A través del estudio de la Biblia, crecerá en su comprensión del Señor, de su Reino y de su posición en el mismo, y esto sí es esencial. Pero usted necesita algo más. Necesita depender del Espíritu Santo para que oriente su estudio y aplique las verdades bíblicas a su vida. Jesús prometió que el Espíritu Santo nos enseñaría «todas las cosas» (Jn 14.26; cf. 1 Co 2.13). De modo que mientras use esta serie para guiarlo a través de las Escrituras, riegue sus momentos de estudio con oración, pidiendo al Espíritu de Dios que ilumine el texto, que aclare su mente, que someta su voluntad, que consuele su corazón. El Señor nunca le va a fallar. ¡Él se lo promete!

Primera parte:
El cimiento de la familia

Lección 1/¿Qué es una familia?

¡Mi boda fue maravillosa!

Desde muy pequeña soñaba con ese día. Varios años fuimos novios y durante meses planeamos cada detalle de la boda. Y todo marchaba perfectamente... hasta que el pastor empezó a hablar. «El matrimonio no se basa en el amor», empezó.

¡Me quedé estupefacta! *¡Cómo puede hacerme esto a mí! ¡Qué poco romántico es lo que dice!* Pero a medida que continuaba, me daba cuenta de que estaba recibiendo mi primera lección en el curso de Matrimonio 101. «El matrimonio no se basa en el amor; se basa en la voluntad de Dios». Como novia, esas palabras significaron poco para mí, aun cuando comprendí su intención.

Ahora, como esposa durante casi veinte años, sé exactamente lo que el pastor Ron quiso decir cuando pronunció esas palabras: el cimiento del matrimonio (y por tanto de la familia) tiene que colocarse en algo más que una emoción pasajera; debe edificarse sobre el Señor.

El fundamento, la intención y el propósito de la familia se declara claramente en la creación de la primera familia: Adán y Eva y, con posterioridad, sus hijos. Sin embargo, la manera en que la familia se creó para actuar era diferente por completo a lo ocurrido en realidad fuera del Edén. Lea Génesis 1.26—2.25 y haga una lista de las características y funciones de la familia, según Dios la creó en un principio.

 **INFORMACIÓN ADICIONAL**

Estos versículos contienen una frase que es la piedra angular del entendimiento bíblico de la humanidad: *imagen de Dios*. La *imagen de Dios* se presenta principal y primordialmente en relación con un singular concepto social y comunitario de Dios. «Entonces dijo Dios [singular]: Hagamos [plural] al hombre a nuestra [plural] imagen». Muchos estudiosos interpretan el uso, tanto del singular como del plural, como una alusión a la Trinidad: un Dios en una comunidad de personas.

La «comunidad» que refleja la imagen de Dios es especial: la comunidad de una mujer y un hombre. Cuando Dios eligió crear a la humanidad a su imagen, creó el matrimonio, una familia. La comunidad de la familia constituye un reflejo de la comunidad de la divinidad. Su identidad, vida y poder proviene de Dios.[1]

1.28

2.7

2.8

2.15

2.18,22

La humanidad debía jugar un papel importante para subyugar y dominar la tierra. Dios quiso que la primera pareja viviera como rey y reina, en completa armonía y equidad, participando juntos en el gobierno del paraíso que Él creó para ellos. En Cristo, Dios quiere restaurar esa capacidad para regir.

 **INFORMACIÓN ADICIONAL**

El orden original del medio ambiente humano en la tierra se debe distinguir de lo que llegó a ser luego del impacto de la caída del hombre, la maldición y el diluvio (Is 45.18; Ro 8.20; 2 P 3.4-7). No debe atribuirse a Dios la desarmonía agrícola, zoológica, geológica y meteorológica a la cual fue sujetada la creación. La perfecta voluntad de Dios, como fundador y Rey de la creación, no se manifiesta en la presencia de la muerte, la enfermedad, la discordia y los desastres o el pecado humano.

Nuestro mundo presente no refleja el orden del reino que originalmente deseaba Dios para el disfrute del ser humano en la tierra, así como tampoco refleja el reino de Dios como finalmente se experimentará. Al entender esto, deberíamos tener cuidado de no atribuirle a la «voluntad de Dios» aquellas características de nuestro mundo que tienen su origen en la ruina del orden original de Dios, a raíz de la caída de la humanidad.[2]

Ahora, compare estos pasajes que contrastan y haga una lista de cómo estas características/funciones cambiaron después que el pecado entró en el mundo, destruyendo la capacidad de la humanidad para gobernar.

1.27 y 3.20

1.29 y 3.19

2.2-3 y 3.17

2.25 y 3.21

2.8 y 3.23

2.23 y 3.12

A la larga, el pecado en el huerto del Edén trajo todas los males de la familia humana. La pareja empezó a echar la culpa a todo el mundo, excepto a sí mismos (3.12,13) destruyendo así su unidad, fallando al no aceptar la responsabilidad y colocándose en el papel de víctimas. El trabajo infructuoso, el dolor y las contiendas entraron en la unidad familiar como resultado del pecado y la desobediencia.

INFORMACIÓN ADICIONAL

La mujer no es *directamente* objeto de maldición, aunque resulta obvio que se halla bajo la condena general a causa del pecado. Por otro lado, se destaca su papel como esposa y madre. La maternidad traerá consigo grandes sufrimientos, algo especialmente desalentador para las mujeres del AT, quienes veían las familias numerosas como señal de bendición. «Tu deseo será para tu marido» es algo difícil de traducir del hebreo. La expresión parece referirse a que, en posición a la armonía que existía en el Edén, de ahí en adelante la mujer intentaría dominar a su compañero. «Él se enseñoreará de ti» establece el papel asignado por Dios al esposo como siervo y cabeza de la familia. No existe evidencia alguna de que la intención haya sido disminuir la persona o atribuciones de la mujer, sino asignar al marido la responsabilidad de cuidar de ella como una vía para restablecer la antigua armonía entre amigos. Nota: el pasaje no reconoce al hombre derecho alguno sobre la mujer, sino que asigna al esposo la responsabilidad de guiar la relación matrimonial.

Adán tampoco es maldecido *directamente*. Su peor error fue obedecer a la voz de su mujer, en lugar de a la voz de Dios. Como tenía la máxima responsabilidad, su condena es la más amplia y comprensiva. «Con dolor comerás de ella» [v. 17]: Destaca el papel fundamental del hombre como trabajador y proveedor; el trabajo estará lleno de dificultades y decepciones (espinos y cardos te producirá... con el sudor de tu rostro). Esta lucha de toda la vida terminará con la muerte.[3]

FE VIVA

A pesar de lo tétrico del panorama de aquel día, Dios estaba ya en el proceso de activar el plan de redención. Lea Génesis 3.15 y responda las siguientes preguntas:

¿A quién hablaba Dios?

¿Cómo iba Dios a lograr la redención?

¿Cómo se cumplió esta profecía en la venida de Jesús?

INFORMACIÓN ADICIONAL

[Génesis 3.15] contiene la primera proclamación del evangelio. Aquí encontramos, en forma resumida, toda la riqueza, misericordia, dolor y gloria de la obra redentora de Dios para con la humanidad. Dios promete traer un Redentor de la «simiente de la mujer»; será completamente humano, pero concebido divinamente. «La serpiente antigua, que se llama diablo y Satanás», hará guerra a la «simiente» (véase Ap 12) y la morderá. Pero mientras la serpiente muerde su calcañar, su pie desciende aplastando la cabeza de la serpiente. En la vida y la muerte de Cristo se cumplió esta Escritura [véase Romanos 16.20]. Concebido divinamente, pero completamente humano, derrotó y exhibió públicamente a los poderes del infierno mediante su vida, muerte y resurrección (Col 2.15). Esta primera promesa mesiánica es una de las aseveraciones más sucintas del evangelio que podamos hallar.[4]

FE VIVA

Lea los siguientes pasajes de las Escrituras y haga una lista de cómo intenta Dios tomar a los individuos, matrimonios y familias y restaurarlos a su plan original para ellos.

1 Pedro 3.7

Compare los siguientes versículos con Génesis 1.26.

2 Corintios 5.17

1 Pedro 2.9

Apocalipsis 1.6

Compare los siguientes versículos con Génesis 1.28.

Mateo 7.16

Juan 20.22 (Compárese con Gn 2.7.)

Gálatas 5.22,23

Compare los siguientes versículos con Génesis 1.29 y 2.8,15,22.

Mateo 6.25-34

Filipenses 4.19

Compare los siguientes versículos con Génesis 1.27.

Salmo 133.1

Efesios 4.3

Mateo 11.28,29 (Compárese con Gn 2.2,3 y 3.17.)

Comprender la intención de Dios de redimir matrimonios y familias y restaurarlos a su plan original es esencial para nuestro entendimiento de cómo vivir dentro de las relaciones que Dios ha ordenado. Su intención inicial era que Dios y la humanidad vivieran en comunión abierta y de amor. Su comunión con el Creador se extendería entonces a la comunión de los unos con los otros, creando hogares firmemente establecidos en una búsqueda conjunta de Dios. Luego, de aquí fluiría su capacidad para gobernar la creación. Una vez roto el vínculo entre Dios y la primera pareja, no sólo perdieron su poder para gobernar, sino que su hogar empezó a desintegrarse. Sin propósito ni convicción, ninguno podremos jamás edificar firmemente nuestro hogar sobre el fundamento de Jesucristo. La relación con Él debe venir antes.

Analice los siguientes versículos y anote lo que dicen las Escrituras que debe ser nuestro cimiento para la vida:

Proverbios 10.25

1 Corintios 3.11

Efesios 2.20

2 Timoteo 2.19

 RIQUEZA LITERARIA

Comprender el significado de la palabra «fundamento» según se usa en las Escrituras puede darnos algunas percepciones clave respecto a cómo edificar nuestros hogares sobre el fundamento de Dios. La palabra griega *zemeleioo, Strong's #2311*, significa literalmente «colocar la base para». Mientras que la palabra hebrea *yacad, Strong's #3245*, significa establecer; fundar; sentarse juntos, o sea, resolver, consultar: designar, tomar consejo, establecer, fundar, instruir, colocar, ordenar. *Yacad* sugiere no sólo un cimiento físico, sino también un cuerpo de creencias acordado según se implica en la idea de instruir y tomar consejo juntos.[5]

FE VIVA

En Lucas, Jesús relata una parábola que da un consejo sabio sobre cómo debemos establecer nuestros hogares.

Lea Lucas 6.46-49; luego, basado en este pasaje, mencione tres cosas que podemos hacer para establecer nuestros hogares sobre la Roca, Jesús.

Contrástelo con lo sucedido a la casa que no se edificó sobre la roca.

En el versículo 47 Jesús habla respecto a los que oyen sus palabras y las hacen. ¿Cómo se compara esto con el hombre que «cavó y ahondó» para construir sobre la roca?

¿Cuáles son algunos de los factores adversos en nuestra cultura que dan «con ímpetu» a nuestros matrimonios y familias?

¿Cómo se compara Mateo 16.18 con este texto?

El hecho de que Jesucristo debe ser el fundamento de nuestros matrimonios y familias no debe sorprendernos cuando se considera que la identidad de la familia en sí misma está en Dios. Es más, a través de toda la Escritura se habla de Dios como nuestro Padre, esposo, hermano. Por su totalidad, Él puede llenar todas las necesidades en las relaciones de nuestra vida. Sin embargo, nos pide que vivamos esas relaciones de manera que mostremos al mundo su gran amor hacia toda la humanidad. Desafortunadamente, lo que mostramos está plagado de imperfecciones porque somos imperfectos. Pero podemos aprender, lección tras lección, respecto a cómo debemos relacionarnos con nuestras familias al estudiar la manera en que Dios se relaciona con nosotros.

INFORMACIÓN ADICIONAL

Hablando en términos humanos, nosotros ligamos la identidad de un esposo, esposa y niños a su apellido familiar. Esto, sin embargo, los identifica superficialmente. La identidad familiar tiene una raíz más profunda.

«Familia» es una palabra que está arraigada en Dios: Dios es *Padre*, el Padre de nuestro Señor Jesucristo. Dios es, en sí mismo, una «familia divina». Ello a su vez se expresa en la manera como Dios se relaciona con la gente. La Biblia revela este aspecto de la naturaleza de Dios en un rico y variado uso de imágenes de la familia; Dios es nuestro Padre, Dios es el Esposo para su pueblo, Dios es como una madre que cría a sus hijos, Cristo es el Esposo de la Iglesia.

Cuando un hombre y una mujer se unen en matrimonio, Dios les otorga este nombre que en esencia le pertenece: el nombre de familia. El esposo, la esposa y los hijos, viven a la altura del verdadero significado de esta palabra, cuando reflejan la naturaleza y la vida de la familia divina en la familia humana.[6]

Todavía más, el núcleo relacional de la familia, el matrimonio, se nos modela en la relación de Jesús y el Padre, y en la relación de Jesús y su Iglesia.

INFORMACIÓN ADICIONAL

La relación entre Dios como «Cabeza», y Cristo como Hijo, nos es dada como un modelo para la relación entre el esposo y la esposa. Cuando la Biblia revela cómo el Padre y el Hijo se relacionan el uno con el otro, ello también nos dice algo acerca de la manera como los esposos y esposas debieran relacionarse entre sí.

Los siguientes principios para la relación entre el marido y la mujer se ilustran a la luz de la relación entre Jesús y el

Padre: 1) el esposo y la esposa deben compartir el amor mutuo (Jn 5.20; 14.31). 2) El esposo y la esposa desempeñan *papeles* diferentes y cumplen *funciones* diferentes en el matrimonio (Jn 10.17; 14.28; 17.4). 3) Aun cuando tienen diferentes papeles, el esposo y la esposa son iguales; viven en unidad (Jn 10.30; 14.9,11). 4) El esposo y la esposa se *estiman* el uno al otro (Jn 8.49,54). 5) Los esposos expresan amor para sus esposas, y lo demuestran al *cuidarse recíprocamente, compartir la vida y el ministerio y darse atención mutuamente* (Jn 5.20,22; 8.29; 11.42; 16.15; 17.2). 6) Las esposas expresan amor para sus esposos por el hecho de compartir una voluntad y un propósito con ellos; por ejercer la autoridad confiada a ellos, con humildad y mansedumbre, no a través del enfrentamiento o la competencia; en una palabra, por mostrar respeto tanto en sus actitudes como en su conducta (Jn 4.34; 5.19,30; 8.28; 14.31; 15.10; Flp 2.5,6,8; véanse también Gn 3.16; 1 Ti 2.8-15).[7]

 FE VIVA

Busque los pasajes de Juan mencionados en la «Información adicional» anterior. ¿Cómo puede la manera en que se relacionan Jesús y el Padre aplicarse a nuestras relaciones con nuestros cónyuges?

Finalmente, busque y escriba Efesios 3.14,15 como un estímulo y recordatorio de que nuestras familias tiene que estar fundadas en Dios, nuestra expresión perfecta de lo que debe ser una familia.

1. «Dinámica del Reino: Dios creó al hombre (varón y hembra) a su propia imagen», *Biblia Plenitud*, Editorial Caribe, Miami, FL, 1994, p. 5.

2. «Dinámica del Reino: Antes de la Caída», *Ibid.*, p. 6.

3. *Ibid.*, en notas a 3.16 y 3.17-19, p. 9.

4. «Dinámica del Reino: La primera proclamación del evangelio», *Ibid.*, pp. 8-9.

5. James Strong, *Strong's Exhaustive Concordance of the Bible* [Concordancia exhaustiva de la Biblia, por Strong], Abingdon Press, NY, 1890, p. 50 (Diccionario Hebreo y Caldeo) y p. 36 (Diccionario Griego).

6. «Dinámica del Reino: La identidad familiar está en Dios», *Biblia Plenitud*, p. 1546.

7. «Dinámica del Reino: Jesús y el Padre son un modelo de la relación para el matrimonio», *Ibid.*, p. 1492.

Lección 2/Paternidad, hermandad y su lugar en la familia

Tome cualquier periódico y verá numerosas historias de personas matando, maltratando o abusando de sus semejantes. Lo más increíble son los relatos de jóvenes que matan a otro adolescente por una chaqueta o una mochila, algo muy insignificante en comparación con una vida. Leemos de millones de abortos. Hay una tendencia definitiva hacia la eutanasia. Y observamos en la televisión las imágenes de la guerra sin pestañear. En todo esto reconocemos una tendencia en nuestra cultura: la vida se ha abaratado. Hay una erosión básica de la comprensión de la valía intrínseca del ser humano.

INFORMACIÓN ADICIONAL

El ser humano es distinto al resto de la creación. El divino concilio trinitario determinó que la humanidad habría de poseer la imagen y la semejanza divinas. Los humanos son seres espirituales, no sólo cuerpo, sino también alma y espíritu. Son seres morales, cuya inteligencia, percepción y determinación propia exceden las de cualquier otro ser creado.

Estas propiedades que posee la humanidad, y su prominencia en el orden de la creación, implican el valor intrínseco, no sólo de la familia de la humanidad, sino también el valor individual de cada ser humano.

La capacidad y la habilidad suponen una responsabilidad y una obligación. Nunca deberíamos conformarnos con vivir a un nivel más bajo del que Dios ha previsto para nuestra existencia. Debemos procurar ser lo mejor que podamos y alcanzar los más altos niveles. Hacer menos nos constituiría en siervos infieles de la vida que se nos ha confiado. Véanse Salmos 8.4,5; 139.13,14.[1]

Como todas las otras disfunciones familiares, el homicidio y un concepto insignificante de la vida fluyó de la ruptura y del pecado perpetrados en el huerto del Edén.

Lea el relato del primer homicidio en Génesis 4.1-15 y responda las siguientes preguntas.

¿Qué produjo la brecha inicial en la relación entre Caín y Abel?

¿Cómo se imagina que Caín y Abel debieron reconocer que el Señor exigía sacrificio en adoración? (véase 3.20).

INFORMACIÓN ADICIONAL

El pacto de amor de Dios requería que se sacrificaran animales inocentes para proveer vestidos de piel a Eva y Adán. Esta figura temprana de la propiciación sustitutiva señala la necesidad del juicio sobre el inocente, a fin de proveer cobertura al culpable. Adán y Eva hicieron un vano intento de cubrirse a sí mismos mediante sus propios esfuerzos, al fabricar vestidos de hojas de higuera. Sin embargo, el orden de Dios proveyó cobertura por medio del sacrificio. Bajo el nuevo pacto, se requiere que nos revistamos de Cristo más bien que de nuestras buenas obras (Gl 3.27).[2]

¿Qué piensa respecto a que Dios respondió en forma diferente a las dos ofrendas presentadas? ¿Qué lección debemos aprender respecto a cómo presentar nuestra adoración al Señor?

INFORMACIÓN ADICIONAL

El asunto de los sacrificios de sangre, como parte esencial de nuestra posición ante Dios, se presenta por medio de las ofrendas de Caín y Abel. De acuerdo con la lección fundamental que ofreció Dios en relación con el pecado de Adán y Eva (3.21), la ofrenda vegetal de Caín, fruto de sus propios esfuerzos, era una ofrenda para justificarse a sí mismo y una negativa a vivir bajo el pacto revelado de Dios. La ofrenda de Caín fue rechazada, de la misma forma que lo fue el intento de Adán de usar hojas de higuera para cubrirse. Pero la ofrenda de Abel, un sacrificio de sangre, agradó a Dios. El sacrificio de animales en el huerto por parte de Dios había sentado el principio de la sangre como la vía para acercársele. Quedó en evidencia que adoptar una actitud adecuada ante un Dios hacedor de pactos era asunto de vida o muerte, y no algo que dependía meramente de los esfuerzos humanos.[3]

¿Qué le advirtió Dios a Caín en el v. 7? ¿Que piensa usted que esto significa?

¿Cómo respondió Caín? ¿Cómo debería haber respondido?

Aun cuando Dios rechazó la ofrenda de Caín, ¿piensa usted que la advertencia a Caín refleja el interés y amor de Dios por él? Explique su respuesta.

¿Le interesó a Caín la reconciliación con Dios o con Abel?

Defina lo que usted cree que sea el problema primordial de Caín y luego anote lo que él decidió para resolverlo.

¿Por qué fue una mala solución? ¿Analizó Caín en realidad la cuestión entre él y Dios?

INFORMACIÓN ADICIONAL

El tema de la hermandad emerge temprano en la Escritura, y desde el principio está claro que Dios concede importancia a las relaciones fraternales. En este pasaje aparece por primera vez el asunto de la responsabilidad del uno para con el otro. Caín pregunta: «¿Soy yo acaso guarda de mi hermano?» La palabra utilizada para «guarda» (del hebreo *shamar*) significa «resguardar, proteger, atender o considerar» ¿Acaso somos responsables? «Ciertamente», es la respuesta de Dios. No sólo somos guardas de nuestros hermanos y hermanas, sino que se nos llamará a juicio por nuestro trato a nuestros hermanos y hermanas (físicos y espirituales).

Debido a los pecados de Caín contra su hermano, Dios lo maldice, le quita su habilidad para cultivar y lo sentencia a una vida de fugitivo y vagabundo (v. 12). Esto indica claramente que la desarmonía fraternal nos destina a la esterilidad y a la frustración en nuestros propósitos.[4]

A través de toda la Escritura hallamos que los caminos de Dios son siempre inclusivos. Él siempre llega hasta las personas para atraerlas, alcanzarlas con su amor, y nos llama a que hagamos lo mismo. El problema viene cuando nuestra naturaleza intrínseca de pecado nos presiona a ser exclusivos. «Exclusivo» se puede definir en forma amplia como: «élite, de moda, selecto». Pero en un uso diferente también puede ser: «restrictivo, prohibitivo y limitante». En nuestros esfuerzos por ser parte de un grupo exclusivo, lo que hacemos en realidad es restringir y limitar el potencial de Dios en nuestras vidas. ¡Él nos llama a que nos extendamos, a amar, a hacer a nuestro mundo más amplio!

Lea los siguientes versículos y diga cómo muestran la inclusividad de Dios o su deseo para que seamos inclusivos.

Génesis 12.3b

Levítico 19.18,34

Mateo 5.44

Marcos 16.15

Lucas 10.25-37

Juan 15.12

Romanos 5.8

Efesios 5.2

Santiago 2.1-9

1 Pedro 1.22

1 Juan 4.7

INFORMACIÓN ADICIONAL

En 2 Pedro 1.4 el apóstol describe las «preciosas y grandísimas promesas» que intentan capacitarnos para 1) ser «participantes» de su naturaleza divina, y 2) permitirnos huir de «la corrupción que hay en el mundo». Estas gracias son necesarias para llevarnos por encima de la decadencia de la naturaleza humana y hacia el «afecto fraternal» y el «amor» (v. 7). La bondad fraternal disuelve la contienda personal y las desatenciones de unos con otros. Nos permite preocuparnos otra vez de nuestro enemigo real: Satanás. Más todavía: Saber amar es saber recibir y generar el amor *agape:* Ese que nos asemeja a Cristo, ese don providencial lleno de afecto, rebosante de benevolencia, que provee una fiesta de amor a todos los que ministramos en el nombre de Jesús. Este texto constituye una promesa para aquellos cuya consagración permite a estos dones fluir: Podemos realmente participar de la naturaleza divina, la cual se eleva muy por encima del espíritu corrupto y divisivo del mundo.[5]

Una vez que reconocemos que Dios nos ha llamado a amar y a ser responsables los unos por los otros, el siguiente paso es percatarnos de que cada vida es sagrada, cada individuo en toda etapa de la vida. La vida es sagrada porque el Creador mismo nos ha dado aliento de vida. De este modo, nuestro valor procede de nuestro Creador. Pero si decidimos negar al Creador, negaremos a la humanidad por añadidura.

INFORMACIÓN ADICIONAL

En Hechos 17.26 la unidad de la raza humana está claramente establecida, porque fue a través de Adán y Eva (Gn 3.20) y después, a través de los hijos de Noé (Gn 9.19), que surgieron las razas y nacionalidades humanas. Todos nosotros procedemos de una sangre, tanto figurativa como literalmente, puesto que los mismos tipos de sangre se los encuentra en todos los grupos étnicos. La humanidad es una familia universal. «¿No tenemos todos un mismo padre? ¿No nos ha creado un mismo Dios?» (Mal 2.10). Todos formamos parte de una comunidad mundial. Ninguna raza o nación tiene el derecho a despreciar o a desvincularse de otra raza. El apóstol Pedro dice: «Dios me ha mostrado que a ningún hombre llame común o inmundo[...] En verdad comprendo que Dios no hace acepción de personas, sino que en toda nación se agrada del que le teme y hace justicia» (Hch 10.28,34,35). Hay solamente dos categorías de seres humanos: los salvos y los no salvos. Las demás diferencias, como el color de la piel o los aspectos culturales, no cuentan para Dios. A decir verdad, todos los seres humanos estamos emparentados.[6]

FE VIVA

Busque y lea Gálatas 3.28 y escríbalo a continuación:

¿Cómo nos ve Dios en relación a los que nos rodean?

¿Cómo se siente usted respecto al concepto de total igualdad entre los seres humanos?

¿Es esta una idea difícil para incorporarla en su vida? Sí o no, ¿por qué?

¿Hay áreas de prejuicios, intolerancia o parcialidad en su vida hacia algún grupo de personas? ¿Cuáles son esas áreas?

Presente estas áreas al Señor y pídale que le ayude a tener la mente de Cristo que ve el valor de cada persona y su corazón que ama al mundo y desea ver que cada individuo venga a conocerle.

Si realmente creemos que toda la humanidad es una familia, eso tendrá que afectar la manera de ver a los diferentes grupos étnicos, grupos de minoría o de mayoría, de edades o de géneros. Ya no podremos tolerar el prejuicio entre las razas, sea que pertenezca a la minoría o la mayoría. El racismo se ejerce en ambos sentidos. Nuestra preocupación de los grupos por edades, incluyendo los que aún están en el vientre de la madre y los ancianos que ya no pueden cuidarse a sí mismos, florecerá cuando nos demos cuenta de la santidad de la vida y de lo que cada etapa de esta tiene para ofrecer. Y nuestra comprensión de las diferencias y similitudes entre hombres y mujeres se verá como complementándose mutuamente y no compitiendo los unos contra los otros. Es más, la Biblia, antes que ser nada más que un libro acerca de hombres de Dios, nos da algunos asombrosos ejemplos de mujeres piadosas que sirvieron con gran habilidad de liderazgo y ministerio.

Lea los siguientes versículos sobre otras mujeres líderes. Algunas de ellas dirigieron naciones, otras sencillamente dirigieron a sus familias, pero todas tenían su propio criterio y se movían con confianza en su conocimiento del Señor. Anote sus nombres y lo que cada una logró.

Números 27.1-11

Rut 1.16,17; 2.2; 3.9; 4.13-15

Ester 4.10—5.2; 8.4,5

Proverbios 31.10-31

Lucas 1.38; Juan 2.3-5

Lucas 2.36-38

Hechos 16.14,15

Romanos 16.1,2

Para concluir nuestra consideración del valor de las personas, miremos un instante la vida de los nonatos y el valor que la Escritura les asigna. Busque los siguientes versículos y escriba lo que dicen respecto a la vida prenatal.

Salmo 139.13-16

Jeremías 1.5

Lucas 1.39-44

La Escritura también nos invita a esperar con expectación la generación siguiente, guardando las cosas de Dios para enseñárselas y hacerles partícipes de ellas.

Salmo 48.13,14

Salmo 78.4-6

Salmo 145.4

 ## INFORMACIÓN ADICIONAL

El aborto constituye definitivamente un mal. Es suprimir una vida humana, ya que la Biblia muestra que la vida comienza con la concepción. Dios nos da forma cuando aun estamos en el vientre de nuestra madre (Sal 139.13). El profeta Jeremías y el apóstol Pablo fueron llamados desde antes de su nacimiento (Jer 1.5; Gl 1.15). Juan el Bautista saltó en el vientre de su madre cuando se escuchó la voz de María, la madre del Señor (Lc 1.44). Obviamente, los niños ya poseen identidad espiritual desde que están en el vientre de sus madres.

Desde el momento en que ocurre la concepción comienza un proceso de desarrollo que continúa hasta la edad adulta. Dios condenó a los israelitas que sacrificaban sus hijos al dios pagano Moloc. Esas criaturas se consumían en el fuego del sacrificio (Lv 20.2), ofrecidos a un dios de la sensualidad y las conveniencias humanas. Lo mismo ocurre en nuestros días, y al actuar de esa manera confesamos que los seres humanos no valen nada para nosotros. Esta es una terrible mancha en nuestra sociedad.

La Biblia no es más específica en el caso del aborto porque tal práctica era algo impensable para el pueblo de Dios. Por ejemplo, cuando Israel estaba en Egipto, un faraón cruel forzó a los israelitas a matar a sus niños recién nacidos. En la Biblia se considera este incidente como el más alto exponente de la crueldad y opresión (Éx 1.15-22). La idea de matar a sus propios hijos era anatema entre los hebreos. A todo lo largo del Antiguo Testamento, las mujeres soñaban con los hijos. Los hijos se consideraban un don de Dios. Las mujeres imploraban no estar estériles. ¿Cómo puede una mujer creyente destruir a su propio hijo? El aborto no solo es inconcebible, sino el máximo exponente de la barbarie pagana.[7]

FE VIVA

Busque los siguientes versículos respecto a ser creados a imagen de Dios. ¿Qué más podemos aprender respecto a cómo debemos pensar en cuanto a toda la humanidad que ha sido hecha a imagen de Dios?

Génesis 1.27

Génesis 2.7

Génesis 9.5,6

Hechos 2.4

¿Qué paralelo hay entre Hechos 2.4 y Génesis 2.7?

1 Corintios 11.7

Efesios 1.3-5

Hebreos 2.6,7

Santiago 3.8,9

INFORMACIÓN ADICIONAL

La vida fue dada al hombre por Dios. Los seres humanos fueron hechos a «imagen» y «semejanza» como creación singular de Dios (Gn 1.26; 9.6); espiritual, inmortal e inteligente. Por lo tanto, Dios dijo: «No matarás» (Éx 20.13). Arrancar una vida humana es violar la imagen de Dios en el ser humano, que debería ser respetada y reverenciada. La vida, aun la prenatal, siempre es un milagro y nadie debe creer que tiene el derecho a derramar la sangre de un ser humano inocente. «Demandar» (Gn 9.5) indica que Dios hacía algo más que presentar una regla. Dios, en realidad, «demandaría» (del hebreo *darash*) o «exigiría» la vida de una persona como pago por la vida inocente que esta segó. Que a nadie se le ocurra faltarle el respeto a la vida. Proclamemos su valor y su santidad.[8]

1. «Dinámica del Reino: El valor intrínseco del ser humano», *Biblia Plenitud*, p. 6.
2. «Dinámica del Reino: La sangre cubre», *Ibid.*, p. 9.
3. «Dinámica del Reino: La sangre, algo esencial para estar bien ante Dios», *Ibid.*, p. 11.
4. «Dinámica del Reino: Responsabilidad de los unos por los otros», *Ibid.*, p. 11.
5. «Dinámica del Reino: El amor fraternal fluye de la naturaleza divina», *Ibid.*, p. 1669.
6. «Dinámica del Reino: La unidad del género humano», *Ibid.*, pp. 1422-23
7. «Respuestas espirituales a preguntas difíciles» #17, *Ibid.*, pp. 1749-50.
8. «Dinámica del Reino: La santidad de la vida», *Ibid.*, p. 17.

Lección 3/El pacto del matrimonio: Parte 1

¡A Jesús le encantan las bodas! Cada vez que se le invita, gozosamente está presente. Por cierto que el Evangelio de Juan afirma que el primer milagro de Jesús ocurrió en una boda (Jn 2.1-12). Ese día Jesús convirtió el agua en vino. Lo que podría haber sido una desastrosa fiesta de bodas debido a la falta de provisión adecuada para los invitados, se convirtió en la más famosa recepción de la historia. Es más que un simple acto hermoso o poético el que Jesús convirtiera el agua en vino en una celebración nupcial.

Hay varias verdades sencillas, pero profundas, que acompañan a este primer milagro de Jesús. El mismo hecho de que Jesús pide agua es digno de notarse. Su obra no se basa en alguna extraña combinación de ingredientes exóticos para obrar sus milagros. Lo que pide es la sustancia más común de la tierra. Allí empieza el milagro, pidiendo que se provea lo que está disponible, libre y abundantemente. «Llenad estas tinajas de agua», instruye Jesús. No se puede decir más sencillo. El resto descansa en Él. Está perfectamente dispuesto a bendecir esta boda. Y asimismo dispuesto a bendecir cualquier boda a la que se lo invita.

El amor de Dios por las bodas y los matrimonios tiene un sentido obvio. El matrimonio fue la primera relación que Dios proveyó en el mundo de Adán. Es el punto de inicio de la bendición en el orden social humano, y sin él, ni las familias, ni las iglesias, ni la sociedad misma, podrían existir. El pacto matrimonial es el vínculo humano individual más importante que mantiene unida toda la obra de Dios en el planeta. No es menuda maravilla que el Señor se apasione respecto a la santidad del matrimonio y la estabilidad del hogar. Este pacto matrimonial se basa en el pacto que Dios ha hecho con nosotros. Es en el poder de su promesa a su humanidad que nuestro pacto matrimonial personal puede mantenerse en contra de las fuerzas que destruirían los hogares y arruinarían las vidas.

 RIQUEZA LITERARIA

Un pacto, alianza, tratado, acuerdo, compromiso, fianza. Esta es una de las palabras de mayor importancia teológica en la Biblia. Aparece más de 250 veces en el Antiguo Testamento. Un *berit* [pacto] puede hacerse entre individuos, entre un rey y su pueblo o entre Dios y su pueblo[...] En Génesis 17.7 vemos la mayor provisión del pacto con Abraham, es la piedra angular de la relación eterna de Israel con Dios[...] Todas las promesas bíblicas están basadas en esta gloriosa declaración.[1]

FE VIVA

¿Quién establece este pacto en Génesis 17.7?

Dios declara que este pacto será con Abraham y con su
_____ (v. 7).

¿Cuál es en el pacto la parte de Dios en este versículo?
¿Qué promete Dios hacer?

¿Cuándo cesará este pacto?

¿Cuál es la responsabilidad de Abraham para guardar este pacto, de acuerdo a Génesis 17.10?

INFORMACIÓN ADICIONAL

El acto de la circuncisión se requirió como señal del pacto previamente establecido con Abraham. Este no fue un nuevo pacto sino una señal externa que Abraham y sus descendientes habrían de adoptar para mostrar que ellos eran el pueblo del pacto divino. El hecho de que este acto se realizara en el órgano reproductivo masculino tiene, a lo menos, un doble significado: 1) cortar el prepucio significaba apartarse de la dependencia de la carne, y 2) su esperanza de futura prosperidad no debería descansar en su habilidad propia. La circuncisión era una aseveración de que la confianza descansaba en la promesa y fidelidad de Dios, más bien que en su propia carne.[2]

La permanencia del pacto eterno de Dios con Abraham y sus descendientes se ilustra en Jeremías 33.20-26. Dios se revela como el Hacedor del pacto. Aquí, en este pasaje, las actividades de Dios en la creación se describen en término de la permanencia de su pacto. Si el sol y la luna no realizaran su tarea diaria ni hubieran las estaciones del año, el pacto con el hombre dejaría de existir. Ese pasaje continúa diciendo que si el día y la noche continúa y «si yo no he puesto las leyes del cielo y la tierra, también desecharé la descendencia de Jacob, y de David mi siervo».

Por favor, note que esta promesa de un pacto seguro se da en medio del cautiverio de Israel en Babilonia. Aun cuando el mundo cae sobre Israel debido a su pecado, Dios todavía es el Dios que guarda el pacto.

FE VIVA

Lea Jeremías 33-20-26

¿Qué promete Dios a los cautivos en Jeremías 33.26?

¿Cómo puede Dios continuar guardando su pacto con Israel en medio de la tragedia nacional del cautiverio babilónico?

¿Garantiza a Israel una vida sin problemas debido a que Dios guarda el pacto?

¿Hay ocasiones en su vida cuando fue difícil aferrarse a la promesa de Dios en medio de circunstancias adversas?

¿Atraviesa ahora circunstancias adversas que pudieran llevarle a dudar de la promesa de Dios de bondad para usted?

Lea Jeremías 31.31-34.

Jeremías afirma la ruptura del pacto (véase v. 32). ¿Quién lo rompió?

¿A qué piensa que se refiere este pacto y cómo se relaciona con Hebreos 8.8-12?

¿Cuál es el poderoso cuadro del Dios que guarda el pacto en Jeremías 31.32?

Si el v. 32 describe a Dios como un «esposo», ¿quién es la esposa? ¿Sigue siendo fiel el esposo a la luz del quebrantamiento del pacto por parte de la esposa en este pasaje?

¿Por qué Dios usa este cuadro poderoso del matrimonio para su relación con Israel?

¿Qué modela la fidelidad de Dios al pacto del matrimonio con Israel en cuanto a la fidelidad en el matrimonio en la iglesia de hoy?

 RIQUEZA LITERARIA

En el Nuevo Testamento la palabra griega *diatheke* se usa para el concepto de pacto. «Una voluntad, un testamento, un pacto, contrato, un plan en el que dos personas o grupos están de acuerdo y suscriben. Si bien la palabra puede significar un acuerdo entre dos partes, cada una aceptando mutuas obligaciones, con mayor frecuencia es una declaración de la voluntad de una persona. En la Biblia, Dios es quien toma la iniciativa, pone las condiciones y define, como un decreto, una declaración de propósitos. Dios hizo pactos con Noé, Abraham, Moisés e Israel. En el NT, Jesús ratificó con su muerte en la cruz un nuevo pacto, al que en Hebreos 7.22 se le denomina "un mejor pacto"».[3]

Este nuevo pacto ofrece la promesa de perdón de pecado y la vida eterna a todos los que reciben a Jesucristo como su Salvador. Anteriormente leímos en Jeremías 31.32 que la relación de Dios con Israel era como la de un esposo a su esposa. Algo semejante se usa en el Nuevo Testamento.

Lea Efesios 5.22-23 y responda las siguientes preguntas.

En el versículo 23 el paralelo es entre el esposo como la «cabeza de la esposa» y Cristo que es la cabeza de la _____ .

¿Qué analiza el apóstol Pablo en este pasaje de la Escritura? (Véase el v. 32.)

En este pasaje de la Escritura se mencionan maneras específicas en las cuales los esposos deben relacionarse con sus esposas así como Cristo se relaciona con la Iglesia. ¿Cuáles son?

v. 23

v. 25

v. 26

v. 27

v. 28

v. 29

v. 31

EL PACTO ENTRE EL ESPOSO Y LA ESPOSA

El concepto básico de Cristo como esposo es uno de amor que se sacrifica y de absoluta devoción a su esposa. Esta relación de pacto entre Cristo y la Iglesia es inquebrantable, porque el Señor es el que mantiene personalmente la unión. Esto es posible debido a que Jesucristo es Dios mismo, divino, sin pecado y sin los defectos de la debilidad humana. Pero, ¿cómo debemos mantener nuestro pacto matrimonial cuando hay tanto fracaso y limitación humanos que vencer en cada uno de nosotros?

Lea Génesis 2.18-25. El relato de la primera pareja es profundo en percepción para todas las parejas casadas. Examinemos algunos de los principios de lo que debe ser el matrimonio a nivel humano. ¿Cuál era el estado de Abraham en Génesis 2.17?

¿Por qué le dio Dios una compañera a Adán en 2.18?

Este pasaje de la Escritura destaca aspectos significativos de la vida matrimonial que son clave para el éxito de la unión. En el versículo 24 se indican tres consideraciones específicas que son importantes en esta unión de hombre y mujer. ¿Cuáles son?

1.

2.

3.

El desafío de llegar a tener nuestra familia («el hombre dejará a su padre y a su madre») es un gran problema en la sociedad de hoy. ¿Cuáles son las consecuencias para las relaciones matrimoniales que batallan con aceptar la responsabilidad de tener su propia unidad familiar?

¿Qué consejo le daría a una pareja joven que depende económicamente de los padres de uno de ellos?

¿Cuál es el impacto en la relación matrimonial cuando uno de los cónyuges recibe su respaldo emocional de sus padres antes que de su cónyuge?

En Génesis 3.9 se ilustra la unidad que Dios ha planeado para el matrimonio. ¿Cuáles son los nombres del hombre y la mujer en este versículo?

¿De dónde recibe Eva su nombre?

¿Quién la llama su mujer en Génesis 3.21?

En la aceptación social del matrimonio en nuestra cultura la mujer casi siempre recibe el apellido de su esposo al casarse. ¿Piensa que hay alguna significación espiritual para esta práctica?

¿Por qué una mujer preferiría conservar su nombre de soltera después de casarse?

¿Es esto apropiado? ¿Cuáles son las razones que le motivan para tal decisión?

¿Podría el rechazo del apellido de su esposo relacionarse al deseo de la esposa de mantener independencia del marido?

¿Es esta una razón válida para conservar el apellido de soltera en una pareja?

En Génesis 1.26 Dios habla y declara: «Hagamos al hombre a nuestra imagen». Así que la perfección de la unidad, según se describe en la Deidad, debe reflejarse en la unidad que Dios genera en el hombre y la mujer que se unen en matrimonio. ¿Exige la unidad matrimonial que se nieguen los gustos, preferencias, habilidades y dones individuales por causa de la unidad?

¿Qué debería hacer una pareja cuando las preferencias, ideas y deseos personales interfieren con el matrimonio?

El concepto de unidad en el matrimonio es una verdad hermosa. ¿Cómo llega esto a ser una realidad en el matrimonio?

¿Hay cosas que las parejas podrían hacer para fomentar la unidad en su hogar? Mencione algunas de las que crean unidad.

Cite algunas de las que quebrantan la unidad entre los esposos en el hogar.

¿Puede nombrar algunas parejas de la Biblia que demuestran unidad en su relación matrimonial?

Lea Malaquías 2.15. El contexto de este versículo es la realidad trágica del divorcio y el rompimiento de la unidad matrimonial. El profeta declara la Palabra de Dios respecto al divorcio. En este versículo, ¿quién declara la Biblia ser el que une a las parejas casadas, que las hace ser uno?

Si la unidad en el matrimonio es más que un simple intento de soportarse mutuamente, según se describe en Malaquías 2.15, ¿piensa que Dios tiene algún interés en preservar la unión de los esposos? ¿Por qué?

Lea Mateo 19.4-6. El versículo 5 hace referencia directa a Génesis 2.24. Sin embargo, Jesús añade el versículo 6 al pasaje del Antiguo Testamento. Amplía el concepto de unidad de la pareja a una ordenada y ejecutada por Dios. Literalmente, la unidad que Dios ha planeado para las parejas se logra en realidad mediante su obra en ellos.

FE VIVA

¿Quién dice Jesús que los une? (Véase Mt 19.6.)

¿Cómo cree que se logra esta unión en el matrimonio?

Todos hemos oído la frase: «Este es un matrimonio hecho en el cielo». ¿Por qué piensa que Dios hace una inversión personal en cada matrimonio?

Usted que está casado: ¿Por qué Dios tiene interés personal en su matrimonio?

Si es soltero: ¿Piensa que la elección de su cónyuge es sólo un asunto de enamorarse?

¿Qué quiere decir el Señor en 2 Corintios 6.14: «No os unáis en yugo desigual»? ¿Qué implica esto respecto a la selección del cónyuge?

No es posible vivir en unidad con un cónyuge que no tiene el mismo amor por Jesucristo que usted tiene. Pueden ser muy buenos amigos y quererse profundamente. Sin embargo, la verdadera base de cualquier matrimonio se halla en Jesús mismo. Para el cristiano el fundamento para cada toma de decisiones, la crianza de los hijos y los compromisos de la vida se basan por completo en nuestra vida en Cristo. Cualquier persona que no participa de esta fe fundamental en Cristo, nunca se ajustará a la parte más íntima de su vida espiritual. «Casarse con un incrédulo es establecer una alianza desigual que debe ser evitada. Para disfrutar de una unión feliz el creyente debe aliarse a alguien cuyos ideales y propósitos se centren en Jesucristo».[4]

Las palabras de Jesús en Mateo 19.6 concluyen: «Lo que Dios juntó, no lo separe el hombre». ¿Qué cree que Jesús quiso decir con esto?

¿Piensa que es aplicable a las personas que quieren separarse de sus cónyuges en tiempos de tensión y adversidad?

¿Piensa que los problemas se evitan mediante la separación de los cónyuges que atraviesan dificultades?

¿A dónde pueden acudir las parejas en busca de ayuda si descubren que están atacando a su matrimonio?

¿A dónde acudiría si necesitara ayuda en su matrimonio?

Puesto que Jesús dice que es la voluntad de Dios que los matrimonios permanezcan casados, ¿de quién es la voluntad de que las parejas se separen y divorcien?

¿Es posible que en tiempos de tensión los cónyuges se ataquen mutuamente debido al trabajo cegador del diablo, en lugar de acudir al Señor en busca de ayuda?

¿Cómo afecta la oración y su vida espiritual la calidad de su matrimonio?

EL SEXO EN EL MATRIMONIO

Demos otro vistazo a Génesis 2.24. ¿Qué significa la frase «una sola carne» en este pasaje? ¿Cuán importante es la relación sexual en el matrimonio? En Génesis 1.28, Dios le dio al hombre su primer mandamiento, ¿cuál es?

La Biblia afirma en 2 Corintios 7.2-5 que las parejas casadas no tienen autoridad sobre sus propios cuerpos. Aún más, declara que el cónyuge debe otorgar a su pareja la autoridad sobre su cuerpo. Esto se relaciona directamente a la unión sexual en el matrimonio. El sexo no hace al matrimonio, pero muchos matrimonios se han roto debido al sexo. (Véase la lección 10 para un estudio más amplio al respecto.)

EL MATRIMONIO NO ES NECESARIAMENTE PARA TODOS

Nuestra sociedad tradicionalmente da por sentado que las personas se casarán en el curso de su vida. Sin embargo, la Biblia hace provisión para algunos que nunca se casarán. A menudo esto no es la primera opción del individuo, aun cuando para algunos sí lo es. ¿Qué dice la Biblia respecto a la soltería?

Lea Mateo 19.12. ¿Quiénes son los «eunucos por causa del reino»?

Jesús dijo que estas personas tienen desde el vientre de su madre una cualidad única respecto a su vida. ¿Batallan con su soltería?

Lea 1 Corintios 7.7-9,25-40. ¿Qué dice el versículo 7 respecto a la soltería?

¿Tiene todo el mundo este don?

En el versículo 9 se da una posible razón para el matrimonio. ¿Cuál es?

¿Considera que a Dios le sorprende la fuerza del deseo sexual que se halla en las personas?

¿Piensa que este deseo sexual es parte del plan de Dios para motivar a algunas personas a casarse?

Sin duda, el deseo de actividad sexual es inadecuado si es la única razón para el matrimonio. Sin embargo, en la búsqueda de un profundo significado espiritual para sus vidas, algunos pasan por alto las maneras muy naturales que Dios ha puesto a su disposición al considerar el matrimonio.

Cuando mi esposo asesora a parejas comprometidas para casarse, les pregunta si ambos sienten mutuamente una «chispa». Es decir, ¿sienten hormigueo cuando están muy juntos? A veces, ha habido parejas que dicen que no. Estas parejas se aman entre sí, creen que Dios quiere que se casen, pero no sienten mayor atracción sexual mutua, si acaso alguna. A estas parejas siempre les dice lo mismo: «Vuelvan a verme cuando comience alguna chispa entre los dos». Con eso no quiere decir que las parejas deben participar de actividad sexual premarital, sino más bien que quiere saber que los dos son compatibles espiritual, emocional, intelectual y físicamente. Necesitan sentir una emoción apasionada mutua. Es *una* de las señales que confirman una buena pareja para el matrimonio.

Lea 1 Corintios 7.25-40 de nuevo. ¿Qué sugiere Pablo a las personas solteras en este pasaje?

¿Afirma Pablo en el versículo 28 que es malo casarse?

El versículo 34 sugiere que las personas solteras pueden servir al Señor más completamente. ¿Qué piensa respecto a esto en su vida?

¿Cree que es el plan del Señor que la mayoría de la gente se quede soltera o que se case? ¿Por qué?

Si una persona se queda soltera toda su vida, ¿la ve Dios como una persona completa o incompleta? (Véase el v. 40.)

Es la voluntad de Dios que todas las personas sean felices, realizadas y fructíferas en su Reino. Si cree que Dios tiene para usted un cónyuge en matrimonio, ore y viva en santidad con la expectación de la respuesta a esa oración. Mientras tanto, viva para Jesús; sírvale con todo su corazón; sea una persona agradecida y gozosa. Y sepa que el Salmo 37.3-5 es la respuesta que Dios le da:

> *Confía en Jehová, y haz el bien; y habitarás en la tierra, y te apacentarás de la verdad. Deléitate asimismo en Jehová, y Él te concederá las peticiones de tu corazón. Encomienda a Jehová tu camino, y confía en Él; y Él hará.*

1. «Riqueza literaria: 17.7 pacto», *Biblia Plenitud*, p. 27.
2. «Dinámica del Reino: El significado de la circuncisión», *Ibid.*, pp. 27-28.
3. «Riqueza literaria: 14.24 pacto», *Ibid.*, pp. 1272-73.
4. «Verdad en acción a través de 2 Corintios», #2, *Ibid.*, p. 1524.

Lección 4/El pacto del matrimonio: Parte 2

«Pero pensé que resolvería mi problema...» Estas son palabras que parten el corazón y que pastores, consejeros, amigos y familiares han oído innumerables veces. Se suponía que el divorcio sería la respuesta para el asunto crítico de una relación rota entre dos cónyuges que se «dejaron de querer» y que enfrentaban «diferencias irreconciliables». Pero la realidad es que después del divorcio las cuestiones personales que rompieron el matrimonio todavía residen en cada cónyuge. El divorcio tal vez ofrezca alivio a un cónyuge, pero no sirve de nada en cuanto a tratar con las necesidades personales que el individuo se lleva consigo después del hecho.

¿Qué dice Dios respecto al divorcio entre los de su pueblo? ¿Cómo influyen las realidades de un mundo corrompido por el pecado sobre la posición de la iglesia en el asunto de la familia y del divorcio? Casi siempre la iglesia ha tratado estas cuestiones complejas mediante un rechazo legalista de la idea del divorcio y de los divorciados, o con una indiferencia casual a lo sagrado del matrimonio y en una «gracia barata» que sanciona el pecado y sus resultados mortales en las familias.

Lea Malaquías 2.10-17.

¿Cuál fue el «pacto de los padres», v. 16?

El interés de Dios por la estabilidad de la unidad familiar en Israel se caracterizaba por pautas específicas dadas en Deuteronomio 7.1-4 para la selección de un cónyuge. ¿Qué le preocupa a Dios en ese pasaje?

¿Cómo se relaciona 2 Corintios 6.14 al asunto de seleccionar un cónyuge de acuerdo al apóstol Pablo?

Lea Esdras 9—10.

Compare los pasajes de Esdras y Malaquías. Note las similitudes y diferencias significativas.

INFORMACIÓN ADICIONAL

El pacto matrimonial es algo muy importante para el Espíritu de Dios, quien insta a los creyentes a buscar otro creyente como pareja para así asegurar la santidad del matrimonio. El Señor también exige la fidelidad y un trato justo en el seno del matrimonio. Dios repudia las actitudes intransigentes y crueles que destruyen este sagrado pacto y dan lugar al divorcio.

Obedece a Dios; contrae matrimonio solamente en el Señor y ante el Señor. Sé amoroso y fiel con tu pareja. No consideres el divorcio como una respuesta satisfactoria ante cualquier problema marital. Confía en Dios para recobrar la esperanza en un matrimonio en el que no parece haber esperanza. Permanece siempre dispuesto a aprender de nuevo lo que es el amor, la comprensión y el perdón.[1]

Malaquías 2 continúa con palabras fuertes respecto al divorcio. ¿Por qué Dios dice en el versículo 16 que «aborrece el divorcio»?

¿Quién «ha atestiguado» los problemas domésticos de las parejas casadas, v. 14?

¿Quién santifica la unión entre los esposos, haciéndolos uno, v. 15?

¿Qué «busca» Dios en una unión matrimonial y qué impacto hace el divorcio sobre este deseo? (v. 15)?

La sabiduría convencional de la comunidad sicológica declara que las parejas no deberían sacrificar su felicidad individual por seguir juntos a causa de los hijos. Suponen que los que no son felices con sus cónyuges en el matrimonio serán padres ineficaces. ¿Cree que esto es cierto? Sí o no, ¿por qué?

¿Cuáles dos palabras usa Dios en el versículo 16 para describir el acto del divorcio?

Malaquías escribe en el versículo 14 respecto al «pacto» del matrimonio. ¿Dónde comienza en la Escritura el concepto del pacto matrimonial? (Véanse Gn 1.26-28; 2.18-24.)

El versículo 15 implica que el Señor se ve como un participante activo en este pacto por igual. Describa cuál comprende usted que es el lugar del Señor en un matrimonio y cómo el divorcio puede violar nuestro pacto matrimonial ante Él.

Busque Jeremías 11.10,11. Describa lo que el profeta dice respecto a cómo ve Dios la ruptura del pacto.

INFORMACIÓN ADICIONAL

Cuando dos personas se casan, Dios está presente como testigo de esa ceremonia, sellándola con la palabra más fuerte: *pacto*. Un «pacto» nos habla de fidelidad y de un compromiso duradero. Es como si Dios se convirtiera en centinela del matrimonio, para bendición o juicio.

El divorcio se describe aquí como un acto de *violencia*. El iniciar un divorcio violenta las intenciones divinas para con el matrimonio y el cónyuge al cual uno se ha unido.

Pero, cuando una mujer y su marido viven de acuerdo con los votos matrimoniales, todo el poder del guarda divino del pacto les sustenta en su vida marital. ¡Qué confianza tenemos al saber que *Dios apoya nuestro matrimonio*! Su poder y autoridad enfrentan a todo enemigo que pueda amenazar violentamente al matrimonio, ya desde dentro o desde fuera.[2]

Malaquías declara que el divorcio provoca consecuencias importantes en nuestra relación con Dios. ¿Cuáles son? (Véase Mal 2.13,17.)

FE VIVA

Puesto que Dios está tan vivamente interesado en el éxito de los matrimonios y en la bendición de su pueblo, ¿cuáles podrían ser las alternativas para el divorcio entre personas cuya relación matrimonial está en extremo tensa?

¿Piensa que todas las sugerencias que acaba de mencionar están acordes con las normas que Dios ha fijado para nosotros?

¿Cómo afectaría a cualquiera de esas acciones el hecho de que Dios respalda el pacto matrimonial?

JESÚS Y LA CUESTIÓN DEL DIVORCIO

El tema del divorcio y el pueblo de Dios era candente durante los días del ministerio de Jesús. Algunas escuelas rabínicas aplicaban liberalmente las enseñanzas del Antiguo Testamento sobre el divorcio. «Los conservadores de la escuela de Shammai sostenían que el adulterio era el único motivo de divorcio; mientras los liberales de la escuela de Hillel era partidarios del divorcio por cualquier causa, aun por disgusto personal».[3]

Como resultado de esas actitudes hacia la familia, el divorcio llegó a estar cada vez más de moda en Israel durante el tiempo de Jesús. Lea Mateo 19.3-10. ¿Quién le preguntó a Jesús sobre el divorcio en el versículo 3?

¿Qué motivó la pregunta según lo describe Mateo en el versículo 3?

¿Piensa que el que preguntaba buscaba sinceramente la opinión de Jesús sobre el divorcio? Sí o no, ¿por qué?

En el versículo 6 Jesús da tres profundas afirmaciones concernientes a la institución del matrimonio. ¿Cuáles son?

¿Por qué a Dios le interesa tanto que las parejas casadas sigan juntas?

De acuerdo a lo que comprende de los versículos 3-6, ¿piensa que Jesús aprueba al concepto del divorcio?

¿Por qué dice Jesús, en el versículo 8, que Moisés permitió el divorcio?

INFORMACIÓN ADICIONAL

[En Mateo 19] Jesús francamente aborda un asunto fundamental: la causa del divorcio es la *dureza del corazón*. Detrás de cada matrimonio roto hay un corazón endurecido contra Dios, y después endurecido contra el compañero-cónyuge. Desde el principio mismo, la intención de Dios en lo que concierne al matrimonio fue que el matrimonio sea para toda la vida. Teniendo en cuenta esto, los creyentes debieran tener cuidado al escoger el compañero o la compañera para la vida (véase 2 Co 6.14). A pesar de ello, ningún matrimonio está completamente libre de las diferencias y dificultades que pudieran conducir al divorcio, si el esposo y la esposa fueran defraudados en sus inclinaciones naturales.

El diablo exagerará las fallas y las insuficiencias del cónyuge, sembrará sospecha y celos, provocará la autocompasión, insistirá en que mereces algo mejor, y te hará la engañosa promesa de que las cosas serían mejores con alguna otra persona. Pero escucha las palabras de Jesús y recuerda: Dios puede cambiar los corazones y quitar toda su dureza si tan solo nosotros se lo permitimos.[4]

¿Contradijo Jesús a Moisés en su enseñanza sobre el divorcio en Mateo 19.8,9?

Lea Levítico 20.10. ¿Por qué era tan severo en el Antiguo Testamento el castigo por el adulterio?

¿Cómo respondió Jesús en Juan 8.1-12 a la mujer que fue sorprendida en adulterio?

Puesto que la mujer fue «sorprendida en adulterio», ¿por qué no trajeron también al hombre ante Jesús?

¿Qué quiso decir Jesús con la frase: «mas al principio no fue así» en Mateo 19.8?

 FE VIVA

En el versículo 10 los discípulos expresan una respuesta interesante a las palabras de Jesús respecto al divorcio. ¿Podría ser que las actitudes cínicas y mundanales hacia el matrimonio que encontramos en nuestro mundo de hoy fueran comunes también en los días de Jesús?

¿Qué efecto tienen estas actitudes cínicas sobre la institución del matrimonio en nuestra cultura actual?

¿Hasta qué grado ha impactado la influencia de la perspectiva mundana del matrimonio y la familia a los creyentes en la iglesia de hoy?

EL PROFETA OSEAS HABLA SOBRE EL DIVORCIO

Dios ilustró su compromiso con la Israel infiel en la vida y ministerio de este profeta. «Oseas, cuyo nombre significa "salvación" o "liberación", fue escogido por Dios para dar testimonio vivo de su mensaje ante su pueblo casándose con una mujer que le sería infiel».[5] Los primeros tres capítulos del libro ofrecen una perspectiva de la gracia de Dios en medio de circunstancias al parecer imposibles.

Lea Oseas 1—3. ¿Cuál es el pecado de Gomer en Oseas 2.2?

¿Qué hace Dios en 2.6 intentando detener la infidelidad de Israel?

¿Es esta una buena estrategia para cualquier cónyuge en situación similar? Sí o no, ¿por qué?

¿Qué motivó a Israel para volver al Señor en 2.7?

¿Cuáles son las condiciones en 2.9-13 para volver a una relación con el Señor?

A Dios no le interesa castigar a Israel. El Señor desea reestablecer una relación. ¿Cómo se demuestra esto en 2.14-16?

¿Qué instrucciones le da Dios a Oseas en 3.1 en relación a su esposa?

¿Qué condiciones impone Oseas a Gomer para su regreso en 3.3?

SONDEO A PROFUNDIDAD

Este cuadro sinóptico muestra el compromiso de Dios con Israel al describirlo en términos de un matrimonio en problemas.

LA APOSTASÍA DE ISRAEL Y EL MATRIMONIO DE OSEAS (3.1)[6]		
El estado de las relaciones entre Dios e Israel en las profecías de Jeremías y Ezequiel, así como a través del vínculo entre Oseas y Gomer.		
Estado	Profetas de Israel	Matrimonio de Oseas
Desposorio	Jeremías 2.2	Oseas 1.2
Relación matrimonial	Ezequiel 16.8-14	Oseas 1.3
Adulterio	Jeremías 5.7; Ezequiel 16.15-34	Oseas 3.1
Separación	Jeremías 3.8-10; Ezequiel 16.35-52	Oseas 3.3,4
Restauración	Ezequiel 16.53-63	Oseas 3.5

EL APÓSTOL PABLO HABLA SOBRE EL DIVORCIO

Lea 1 Corintios 7.10-16. ¿Tiene el apóstol Pablo regulaciones diferentes para hombres y mujeres respecto al divorcio?

¿Qué dice el apóstol Pablo en el versículo 10 respecto a la separación como una respuesta a los problemas conyugales?

De acuerdo al versículo 11, ¿cuáles son las dos alternativas que tiene una persona que se ha separado ex profeso de su cónyuge?

¿Qué instrucciones dan los versículos 11 y 12 a los esposos?

¿Qué instrucciones dan los versículos 10 y 13 a las esposas?

¿Requiere Dios más de los creyentes que de los incrédulos en una relación matrimonial?

¿Mencione algunas de las razones por las que esto es cierto?

En el versículo 14 el cónyuge creyente tiene un impacto radical en la situación de los hijos. ¿Cuál es?

¿Qué se precisa del cónyuge creyente en el caso de que un cónyuge incrédulo lo abandone?

 FE VIVA

Aun cuando Dios no pide que el cónyuge abandonado espere el regreso del cónyuge descarriado e incrédulo, muchos oran y esperan el regreso sólo para ver realizarse el milagro de 1 Corintios 7.16 ó 1 Pedro 3.1. La salvación de aquel cónyuge y la reconciliación en el matrimonio depende del amor incesante y la fidelidad que Dios pone en el corazón del cónyuge rechazado.

Tal desprendimiento es posible sólo en la medida en que la persona se apropia día tras día de la fuerza del Espíritu Santo que le insta a avanzar en la batalla de la fe. Sin embargo, hay límites que Dios ha ordenado para tal búsqueda del cónyuge descarriado. Deuteronomio 24.4 afirma con claridad que cuando un cónyuge se ha casado con otra persona,

Dios deja de respaldar la idea de reconciliación con el cónyuge original. La nueva unidad matrimonial, independientemente de su historia, debe mantenerse. El arrepentimiento y el perdón deben hallarse dentro del contexto de la gracia redentora de Dios y dentro de la nueva relación.

SONDEO A PROFUNDIDAD

La cuestión del divorcio y «abandono» según se enseña en 1 Corintios 7.10-16 ofrece pautas claras para el creyente: no divorciarse. Sin embargo, las circunstancias de algunos matrimonios colocan al cónyuge en posiciones serias y a veces incluso peligrosas, en donde la violencia y el maltrato son parte del hogar. Las palabras del apóstol Pablo no quieren decir que el creyente debe aceptar un trato brutal, abusador ni inmoral.[7] La Biblia enseña que «en la multitud de consejeros hay seguridad». Busque el consejo de su pastor y ancianos de su iglesia para ayudarle si se halla en tal situación.

¿QUÉ TAL EN CUANTO A VOLVER A CASARSE?

Históricamente, muchos segmentos de la iglesia han prohibido que los divorciados vuelvan a casarse. ¿Qué dice 1 Corintios 7.15 respecto al cónyuge abandonado?

¿Qué dice Romanos 7.2 respecto al privilegio de volver a casarse?

¿Qué, según Pablo en 1 Corintios 7.25-27, prefiere el Señor para los que no están casados?

¿Por qué Pablo usa la frase «estás libre de mujer» en 1 Corintios 7.27?

¿Quién es la persona «libre» en 1 Corintios 7.27?

¿Podría la persona libre relacionarse al versículo 15?

¿Qué enseña el apóstol Pablo en 1 Corintios 7.28 respecto al matrimonio?

¿Cómo se relaciona esto a 1 Corintios 7.15,27?

Las palabras de Jesús en Mateo 19.9 son muy específicas: prohíbe un nuevo matrimonio. ¿A quién se refiere Jesús en este versículo?

¿Está Jesús, en este pasaje, prohibiéndole al cónyuge que ha sido defraudado el privilegio de volver a casarse?

FE VIVA

Muchos han experimentado la culpa y la vergüenza de la infidelidad y/o el divorcio. Incluso, si usted ha sido el responsable del rompimiento del pacto matrimonial, hay perdón en Jesucristo. En la Biblia hay un solo pecado imperdonable y no tiene nada que ver con algún pecado sexual ni fracaso matrimonial. Si está en tal condición ahora mismo, ¿qué debería hacer?

Buscar el perdón del Señor (1 Jn 1.9).

Si se ha separado de su cónyuge, 1 Corintios 7.11 es la respuesta.

Si su cónyuge le ha violado, Efesios 4.32 abre la puerta a su futuro.

---

1. «Verdad en acción a través de Malaquías», #2, *Biblia Plenitud*, p. 1169.
2. «Dinámica del Reino: Dios respalda el pacto matrimonial», *Ibid.*, p. 1167.
3. *Ibid.*, en nota a Mateo 19.3, p. 1220.
4. «Dinámica del Reino: El divorcio es consecuencia de un corazón endurecido hacia Dios», *Ibid.*, pp. 1220-21.
5. «Introducción a Oseas: Autor», *Ibid.*, p. 1056.
6. *Ibid.*, en cuadro sinóptico «La apostasía de Israel y el matrimonio de Oseas», p. 1061.
7. «Verdad en acción a través de 1 Corintios», #1, *Ibid.*, p. 1504.

Segunda parte: La función de la familia

Lección 5/El papel del esposo

No mucho después de casados fuimos a pasar la tarde con la familia de mi esposo. Ambos estudiábamos todavía en la universidad, llevando curso completo, y trabajando también en un empleo regular, ¡y toda una tarde era un montón de tiempo precioso! Después que pasaron varias horas, le dije a mi esposo que quería irme a casa. Él, por supuesto, quería quedarse. Uno de mis nuevos cuñados, con toda la sabiduría que le asistía en sus catorce años de edad, dijo: «Tú eres el jefe. Simplemente dile que se quedan. Ella tiene que hacer lo que tú le dices».

¡Felizmente mi esposo es mucho más diplomático que eso! Pero, por desgracia, lo que mi cuñado expresó es lo que muchos consideran que es el papel del esposo: el jefe. Pero el deber del esposo se extiende mucho, mucho más: amante, proveedor, servidor y protector espiritual.

 INFORMACIÓN ADICIONAL

Dios creó el matrimonio como modelo de las relaciones que Él quiere establecer con su pueblo. El marido debe honrar y comprender a la esposa, protegiéndola y reconociendo que ella es coheredera junto a él ante Dios.

Esposo, sé amable y tierno con tu esposa. Hónrale como a tu mejor amigo. Escúchala y pasa tiempo con ella. Quiérela y hazla sentir sumamente importante. Reconoce que de no hacerlo impedirá tu vida de oración y obstruirá sus respuestas.[1]

Lea las siguientes porciones bíblicas y anote los diferentes papeles y responsabilidades del esposo que se mencionan.

Génesis 2.24 (Véanse también Mt 10.7; Pr 8.)

Proverbios 5.18

1 Corintios 7.3,4

1 Corintios 7.11

Efesios 5.23-29

Colosenses 3.19

1 Timoteo 5.8

Tito 2.6-8 (Hay toda una lista aquí, dirigida a los «jóvenes» no a los esposos en específico. Sin embargo, «las mujeres» en el versículo 4 eran ya esposas, de modo que podemos dar por sentado que los jóvenes eran esposos.) Defina para usted mismo lo que significan cada uno de esos aspectos y cómo se deben poner en práctica en nuestra cultura hoy.

1 Pedro 3.7

Lea de nuevo la lista que acaba de hacer. ¿Cómo la está cumpliendo? Anote los aspectos en los cuales están actuando bien en la actualidad. Luego anote las áreas que necesita mejorar.

INFORMACIÓN ADICIONAL

El cristiano presta servicios a otros *como una manera de servir al Señor*. En estos versículos, esa verdad se aplica específicamente a la relación entre esposo y esposa. El papel que Dios asigna al marido es el de cuidar y proteger a su esposa. Asimismo, desde una posición diferente, ella debe servir a su esposo.

Estos papeles no los seleccionan los cónyuges, tampoco los asignan de acuerdo a la cultura en la cual viven, sino que son dispuestos por Dios como un medio a través del cual se manifiesta la vida de Cristo en la tierra. En este contexto es que la palabra *sumisión* adquiere su pleno significado bíblico para la vida familiar: el marido y la esposa, ambos por igual, están sometidos a Dios para la realización de las funciones que Él les ha asignado. En el servicio que se prestan el uno al otro, el marido y la esposa sirven y honran a Cristo. La palabra «someteos» (griego, *hupotasso*) está formada de *hupo* («debajo») y *tasso* («arreglar de una manera ordenada»). En este contexto, describe a una persona que acepta su lugar bajo el orden constituido por Dios. También nos recuerda que la encomienda de Dios de someterse no está dirigida solamente a las esposas. En Santiago 4.7 y Efesios 5.21, vemos que la directiva se aplica también a todo creyente, en sus relaciones con otros, y con Dios.[2]

INFORMACIÓN ADICIONAL

En Isaías 54.5 Dios se revela mediante el título de *marido* para mostrar cuán profundamente ama a su pueblo y cómo cuida efectivamente de él. Al hacer esto, pone al descubierto una dimensión importante de la vida familiar, especialmente en lo que respecta a los esposos: un marido debe amar y cuidar a su esposa e hijos. Dios es *protector* y *proveedor*. Los maridos que se someten a la dirección divina encontrarán tanto la inspiración como el poder para lograr esos objetivos, ya que esos atributos divinos fluirán y llenarán sus vidas.[3]

Aun cuando el esposo es la cabeza del hogar y la responsabilidad final por las decisiones descansa en él, su autoridad fluye de: 1) su sumisión al Padre, y 2) su corazón de siervo hacia su familia.

El amor tiene espíritu de servicio. La mentalidad del mundo jamás entenderá ni aceptará este llamado. Un siervo es el que acepta y reconoce que está subordinado a quienes sirve, uno que está dispuesto a renunciar al prestigio social de nuestra escala humana de valores. Pero Jesús dice que quienes aceptan servirle —o sea, servir al mundo en su nombre— serán honrados por el Padre celestial. ¡Cada verdadero servidor será, finalmente, honrado por aquel a quien sirve y a quien le ha prometido honra por ese servicio!

¡Si nosotros seguimos y servimos a nuestro Rey, en ese acto de servicio somos elevados a un lugar de honor![4]

Lea el relato de la sanidad que Jesús efectuó en el siervo del centurión (Mt 8.5-13).

¿De dónde procedía la autoridad del centurión?

¿De dónde procedía la autoridad de Jesús?

¿En qué forma es similar la autoridad del esposo?

El asunto total de la sumisión y la autoridad en el hogar ha sido motivo de mucha discusión, controversia y abuso. Al analizar este tema, sin embargo, debemos tener varios puntos en mente:

Primero, la intención original de Dios para la familia, según se ve en la primera pareja, fue que rigieran la tierra como socios totales: eran una carne y todo lo compartían mutuamente en toda manera. El pecado rompió esa sociedad y en el proceso redentor el Señor estableció al esposo como cabeza de la familia. En Cristo, sin embargo, el

Señor quiere llevarnos de regreso a nuestra posición de unión como «coherederos» (1 P 3.7). Así, la autoridad o posición bíblica nunca debe usarse como una excusa para convertirse en cierto tipo de capataz o dictador. Así como Dios encarga al esposo el gobierno de su casa como rey y sacerdote a su Dios (Ap 1.6), desea que la esposa se eleve en el gobierno como una reina junto a su esposo.

Segundo, la autoridad del esposo no debe convertirse en excusa para que la esposa abandone sus responsabilidades. En el próximo capítulo analizaremos en detalle el papel de la esposa, pero por ahora digamos sólo esto: una parte del peor abuso del tema de la autoridad procede de las mujeres que deciden echar toda la responsabilidad sobre el esposo y rehúsan usar la sabiduría y capacidades que Dios les dio. Una respuesta correcta a la autoridad tiene que ver con una actitud del corazón y una disposición para servir, no en si puede ir o no al mercado si su esposo no le ha concedido el permiso específico.

 FE VIVA

¿Cómo es la situación de autoridad en su hogar? ¿Siente usted, como esposo, que sus decisiones se respetan y cumplen?

¿Está su esposa creciendo continuamente en sus propias capacidades de autoridad conjunta con usted? La autoridad de su esposa fluye de la suya, así como la suya fluye de la autoridad de Dios. ¿Está dándole libertad para niveles más altos de ministerio al responder ella al llamado de Dios para su vida? ¿Responden sus hijos respetuosa y obedientemente a su autoridad en el hogar?

Si no están honrando su autoridad en su hogar, tal vez no está ejerciéndola con una actitud de corazón de siervo. Lea Juan 13.1-17.

Note cómo Jesús, aun cuando es el Salvador y el Señor, se inclinó para lavar los pies de aquellos que guiaba. ¿Qué le dice esto respecto a cómo debe usted guiar?

INFORMACIÓN ADICIONAL

Cuando Jesús tomó la toalla y el lebrillo para lavar los pies a sus discípulos, no sólo asumió el humilde papel del siervo, sino que evidenció seguridad sicológica, esencial en un líder. El estilo de vida y las lecciones de Jesús establecen el modelo para una nueva clase de líder: el siervo-líder (Mt 20.26-28). El siervo-líder cumple sus funciones seguro de sí mismo, esto es, sabiendo lo que Dios le ha confiado, y descansando en la confianza de que la mano de Dios ordena su destino personal (véase esto en v. 3, en torno a Jesús). El líder piadoso es aquel que se agacha para ayudar a otros, que considera a los demás por encima de sí mismo (Flp 2.3,4), que pone su vida por otros (Jn 10.11), que busca servir antes de ser servido (Lc 22.27). Mientras una persona no esté dispuesta a lavar los pies a otros, no está calificada para ser un líder del Reino.[5]

Efesios tiene mucho que decir sobre el desarrollo de relaciones piadosas. Este es uno de los principales temas del NT. Nuestras relaciones con los demás deben ser de amor, confianza, desinterés y solicitud del uno por el otro. Dicho con otras palabras, Efesios exhorta a que nos relacionemos con los demás como Jesús se relaciona con el Padre y con nosotros. Mantén una actitud desinteresada y solícita en tus relaciones familiares. Comprende que esto pondrá en evidencia que Cristo reina en tu hogar.[6]

Observe los siguientes ejemplos de parejas en la Escritura. Algunos de ellos son positivos, otros negativos. Al leer respecto a cada pareja, anote lo que el esposo hizo bien o mal para contribuir al liderazgo y al ambiente familiar.

Acab y Jezabel: 1 Reyes 16.30—22.40

Abigail y Nabal: 1 Samuel 25.2-42

Adán y Eva: Génesis 2.15—3.21

Abraham y Sara: Génesis 12.10-20; 16.1—18.15; 20.1—21.12

Jacob y Lea/Raquel: Génesis 29.1—30.24

Salomón y su esposa: Cantar de los cantares

Ester y Asuero: Libro de Ester

Ananías y Safira: Hechos 5.1-11

María y José: Mateo 1.18—2.23; Lucas 2.1-52

¿Hay algún ejemplo aquí que refleje cómo se relaciona usted con su familia? ¿Hay uno negativo o uno positivo?

¿Cómo se relacionó esta persona al Señor en su hogar? ¿Cómo se relaciona usted con el Señor en su hogar? ¿Se parecen?

¿Serían estas sugerencias buenas para que usted las aplique en su vida familiar?

UNA PALABRA RESPECTO A LAS RELACIONES SEXUALES

Todos hemos oído las bromas de: «No esta noche, porque me duele la cabeza». Sin embargo, a través de los años, hemos notado al asesorar parejas que la tendencia parece ser que los esposos se lo están diciendo a sus esposas, y no sólo estas a ellos. Este fenómeno puede culparse a: temor, ira o actitud de no perdonar la esposa, pornografía, masturbación y adulterio. Pero se ha convertido en la nueva manera en que los hombres castigan a sus esposas: privándolas del sexo y así excluyéndolas del pacto de ser «una carne» y del compañerismo establecido en el día de la boda.

Privar el sexo puede, por supuesto, ser acción de cualquiera de los cónyuges. Pero venga de quien venga, por favor sepa esto: no es bíblico. Primera de Corintios 7 dice claramente que nuestros cuerpos no son nuestros. Cuando nos casamos, nuestros cuerpos llegan a ser propiedad de nuestro cónyuge.

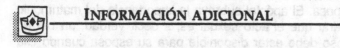

INFORMACIÓN ADICIONAL

Las parejas cristianas deben superar el egoísmo sexual y no negarse el uno al otro. Existen tres requerimientos para interrumpir la actividad sexual en el matrimonio: consentimiento mutuo; hacerlo durante un tiempo limitado; motivos espirituales, no egoístas.[7]

FE VIVA

Escriba 1 Corintios 7.2-5 para tener un cuadro claro de su responsabilidad sexual hacia su cónyuge según la Biblia.

¿Por qué es tan importante la relación sexual en el matrimonio?

Las siguientes preguntas deben contestarse sólo entre usted y el Señor:

¿Usan, usted o su cónyuge, excusas para evitar la relación sexual? ¿Por qué?

¿Evita la relación sexual por alguna de las razones mencionadas arriba: temor, ira, falta de perdón hacia su cónyuge, pornografía, masturbación, adulterio?

Si es así, ¿qué cree que Dios le está llamando a hacer?

¿Les ayudaría a usted y a su cónyuge asesoramiento profesional para resolver esta situación?

¿Cómo podría el Señor llamarle a ser un líder en este aspecto de su matrimonio?

INFORMACIÓN ADICIONAL

El coito es una expresión íntima de afecto entre el esposo y la esposa. El apóstol subraya la importancia del matrimonio al declarar que el acto sexual es, a decir verdad, un *deber*; el esposo debe estar disponible para su esposa cuando ella se lo pida y, de igual manera, la esposa cuando él se lo pida.

Es más que un acto de apareamiento biológico. La Biblia lo llama un «misterio», un privilegio por medio del cual dos personas, un hombre y una mujer, vienen a ser una sola (Ef 5.32; véase Gn 2.24). Se abusa del privilegio cuando el hombre y la mujer no están casados y tienen contacto sexual (véanse 1 Co 5.1; 6.16); entonces, algo que según el propósito de Dios debe traernos bendición, se convierte en causa de juicio (véase Ef 5.5).

El matrimonio es el único lugar que Dios ha provisto para que ocurra la unión sexual. En este marco, el acto sexual viene a ser un símbolo poderoso del amor entre Cristo y la Iglesia, un compartir puro de gozo y delicia entre ambos cónyuges, un verdadero regalo recibido de la mano de Dios. Fuera de estos límites, llega a ser algo virtualmente destructivo.[8]

1. «Verdad en acción a través de 1 Pedro», #6, *Biblia Plenitud*, p. 1666.

2. «Dinámica del Reino: Los esposos y las esposas son llamados a actuar según el orden divino», *Ibid.*, p. 1571.

3. «Dinámica del Reino: El esposo: protector y proveedor», *Ibid.*, p. 879.

4. «Dinámica del Reino: El amor es servicial», *Ibid.*, p. 1364.

5. «Dinámica del Reino: Seguridad», *Ibid.*, p. 1366.

6. «Verdad en acción a través de Efesios», #3, *Ibid.*, p. 1553.

7. *Ibid.*, en nota a 1 Corintios 7.5, p. 1486.

8. «Dinámica del Reino: Tres aspectos del sexo: Unidad, símbolo del amor, reservado para el matrimonio», *Ibid.*, p. 1486.

Lección 6/El papel de la esposa

A través de los años, el concepto de sumisión se ha llevado a extremos ridículos: mujeres que han permitido que maltraten a sus hijos debido a que se «sometían» a los deseos de sus esposos; mujeres que ni siquiera iban al mercado a comprar víveres ni hacían siquiera los quehaceres domésticos si su esposo no les daba permiso; mujeres que sujetaban sus cuerpos y mentes a horribles perversiones sexuales debido a que eso era lo que sus esposos querían.

Aclaremos las cosas ahora mismo: 1) Dios no nos pide que nos coloquemos ni a nosotros ni a nuestras familias en situaciones peligrosas para demostrar que somos sumisas; 2) Él no nos pide que desconectemos nuestro cerebro, nuestro sentido común y nuestra capacidad de realizar tareas y organizar nuestros hogares para demostrar que somos sumisas; y 3) Dios creó el sexo para el disfrute y la satisfacción mutua, tanto del esposo como de la esposa. No tenemos que sujetarnos a perversiones para demostrar sumisión.

Empecemos nuestro estudio observando cuál es la definición bíblica de sumisión.

RIQUEZA LITERARIA

Sujetos, *hupotasso*, Strong #5293: Literalmente, «estar debajo». La palabra sugiere subordinación, obediencia, sumisión, servicio. El don divino del hablar profético es puesto bajo el dominio y la responsabilidad del que lo posee.[1] *Jupotasso* también se usa en Efesios 5.22 como un mandamiento del Señor para las esposas respecto a cómo deben obedecer a sus esposos. Sin embargo, note por favor que el mandamiento no se le da al esposo para que lo imponga a la fuerza sobre la esposa, sino más bien se lo da a la esposa para que voluntariamente escoja y obedezca el mandamiento del Señor.

INFORMACIÓN ADICIONAL

Someteos: Es tomar el lugar divinamente dispuesto en una relación dada. Nunca se exigirá sometimiento de unos seres humanos a otros; ello sólo puede tener lugar sobre la base de la confianza y la voluntad, esto es, al creer en la Palabra de Dios y estar dispuestos a aprender a crecer espiritualmente a través de nuestras relaciones con los demás.

En general, a las mujeres nunca se las coloca detrás del hombre, pero a la esposa se le pide específicamente que acepte la dirección de su marido.[2]

Lea estos otros versículos sobre el tema de la sumisión. Anote cualquier otra cosa que aprenda respecto a cómo las esposas han de someterse a sus esposos.

1 Corintios 11.8-12

Efesios 5.22-24

Colosenses 3.18

Hebreos 13.17

1 Pedro 3.5,6

1 Pedro 5.5

INFORMACIÓN ADICIONAL

«Las instrucciones específicas que el apóstol Pablo da a esposos y esposas constituyen un destello de las relaciones entre Cristo y su Iglesia: un modelo celestial para todo matrimonio terrenal.

»¿Cómo debo conducirme con mi esposa? Mira a Cristo, el Esposo divino, en su relación con la Iglesia: la ama, se sacrifica por ella, está atento a sus intereses, la cuida; sé tan sensible a las necesidades de ella y a lo que la hace sufrir, como lo eres con los miembros de tu propio cuerpo.

»A su vez, la esposa debe preguntarse: ¿Cómo debo conducirme con mi marido? Fíjate en la desposada escogida, la Iglesia, en su relación con Cristo; respétalo, reconoce que él está llamado a ser la "cabeza" de la familia, responde positivamente a su liderazgo, escúchale, encómialo, mantente unida en propósito y en voluntad con él; sé una ayuda verdadera (véase Gn 2.18).

»Ningún marido y ninguna esposa puede hacer esto apoyándose en su fuerza de voluntad o resolución, pero como eres hechura de Dios (al igual que tu matrimonio, Ef 2.8-10), el Señor te ayudará a lograrlo».[3]

Por supuesto, ser esposa involucra mucho más que ser sumisa. Observe los siguientes versículos y anote otras funciones y responsabilidades de la esposa que se mencionan en la Escritura.

Rut 2.7

Proverbios 31.11-27 (Aquí hay toda una lista, ¡y puede ser a veces intimidante! Pero sólo recuerde que este pasaje es una lista de las cosas que esta mujer hizo durante su vida. ¡No las hizo todas en un solo día!)

1 Corintios 7.3,4

1 Corintios 7.10

1 Timoteo 3.11

1 Timoteo 5.4

Tito 2.4,5

¿Cómo está actuando en cada uno de los aspectos anotados

arriba? ¿Hay aspectos en los cuales necesita mejorar? Anótelos ahora para presentárselos al Señor.

INFORMACIÓN ADICIONAL

El espíritu de sumisión, por el cual una mujer reconoce
voluntariamente la responsabilidad de liderazgo de su esposo
bajo Dios, es un acto de fe. En ninguna parte la Biblia «so-
mete» o subordina genéricamente las mujeres a los hombres.
Pero este texto manda a la mujer a que se someta por voluntad propia a su esposo (Ef 5.22), y al esposo se le manda
a que en amor se dedique a cuidar de su esposa, pero sin
abusar nunca de su confianza (v. 7; Ef 5.25-29). Este arreglo,
divinamente ordenado, jamás pretendió reducir las posibilida-
des, los propósito ni la realización de la mujer. Únicamente
la naturaleza pecadora de los seres humanos, o un recalci-
trante tradicionalismo eclesiástico, puede justificar, sacando
fuera del contexto bíblico, determinadas evidencias «textua-
les», la explotación social de las mujeres, o las restricciones
que se les imponen a la hora de darles participación en el
ministerio de la Iglesia.

Pasajes como 1 Timoteo 2.12 y 1 Corintios 14.34,35, que
desaprueban que la mujer enseñe (cuando no se le ha invi-
tado a ello), usurpe la autoridad del hombre y opine en pú-
blico, tienen que ver exclusivamente con la relación entre ella
y su esposo. (La palabra griega para «hombre» en 1 Timoteo
2.12 es *aner*, la cual se traduce tanto como «marido» como
«hombre».) El contexto claramente recomienda «marido»,
como indica la evidencia del resto del NT, que considera via-
ble la participación de la mujeres en las asambleas cristianas.

La sabia recomendación de la Biblia a las mujeres parece
resumirse en lo que Pedro dice aquí a aquellas cuyos maridos
no han aceptado la fe aún. Se les dice que sus «palabras»
no constituyen la clave para ganar a sus maridos para Cristo;
su vida cristiana y su espíritu de amor sí lo son. De la misma
forma, este consejo puede aplicarse a cualquier mujer que
aspire a una posición de liderazgo en la iglesia. Se le enco-
mendaría ese ministerio no porque argumente o insista en
reclamarlo, sino más bien si se lo gana mediante su afabilidad,
amor y servicio; en otras palabras, mostrando el mismo espíritu que debiera evidenciarse en el caso del hombre que desea
ocupar un puesto de líder.[4]

El espíritu de siervo que estudiamos en el capítulo sobre el papel del esposo se aplica también al de la esposa. Antes de proseguir, tómese unos momentos para repasar la «Dinámica del Reino» respecto al espíritu de siervo que se menciona en ese capítulo.

Diferentes mujeres en las Escrituras nos proveen ejemplos de siervas, pero Rut es particularmente apropiada. Básicamente era una mujer sola con una compañera anciana y era quien proveía en sustento para ambas. En medio de todo eso, el Señor le proporcionó un marido. De modo que vemos a Rut como una mujer sola y luego casada. Siempre vemos una mujer cuya relación con el Señor quedó intacta y cuyas actitudes hacia los que la rodeaban estaban en orden. También vemos a una mujer que, a pesar de la adversidad, viudez y hambruna, estaba lista para servir a los que la rodean... empezando con su familia.

INFORMACIÓN ADICIONAL

«El libro de Rut está repleto de principios relacionados con la justicia y la piedad en las relaciones humanas. Rut nos ofrece un ejemplo supremo de alguien que prioriza las relaciones personales. Ella ejemplifica la lealtad, la obediencia, la diligencia y la rectitud moral. Muchas penas podemos ahorrarnos si aprendemos a relacionarnos con los demás sobre la base del amor y comprendemos lo que eso implica para nuestros vínculos con otras personas.

»No hagas compromisos apresuradamente. Espera hasta que conozcas todas las implicaciones de cualquier compromiso que contraigas ante otra persona. Practica la lealtad, y comprende que una persona leal sitúa sus relaciones personales por encima de las ventajas o la comodidad. No te retractes de un compromiso que hayas contraído con un amigo, aun si ello representa algún sacrificio personal para ti. Aprende a servir. Conoce que Dios nos llama a servir a aquellos que amamos. Cree que Dios honrará a los que tienen un corazón humilde».[5]

FE VIVA

Rut es un libro muy corto de la Biblia; sólo cuatro capítulos. Léalo todo y anote todo lo que Rut hizo para servir a Noemí, Booz y a otros que la rodeaban.

¿Obra con un corazón de siervo hacia su familia, así como Rut lo hizo?

¿Qué lecciones puede aprender de Rut aplicables directamente a su propia familia?

Rut, al acudir a Booz, fue también una persona muy intrépida. Siempre y cuando se daban las condiciones para que la Ley de Dios proveyera para ella y Noemí, fue intrépida para aceptarlo. En Rut vemos la delicada línea entre la sumisión y el actuar bajo autoridad sometida.

INFORMACIÓN ADICIONAL

Toda autoridad legítima procede de Dios; por tanto, someterse a la autoridad honra a Dios. La sumisión es un acto de fe y se basa en la suprema autoridad de Dios, ya sea en relación con el gobierno, la iglesia, el centro de trabajo o el hogar. A mayor autoridad, mayor responsabilidad ante Dios.

«**Respeta** y **sométete** a toda autoridad. **No uses** tu libertad en Cristo como una excusa para pecar».[6]

FE VIVA

Lea Efesios 5.33. ¿Qué se le ordena a la esposa hacer?

Cada persona que conocemos alguna vez hará algo que nos decepciona. ¿Es esta una razón para disminuir el respeto que le tenemos?

Algunas veces recordamos ser corteses y amables con los extraños, pero a menudo los que más cerca tenemos son los que reciben la descarga de nuestras frustraciones. ¿Es esto mostrar respeto para nuestros maridos?

¿Cómo debemos mostrarles nuestro respeto?

¿Mencione tres maneras en que le gustaría ver que el Señor la mejora en este aspecto?

 ## INFORMACIÓN ADICIONAL

Dios gobierna a su pueblo delegando autoridad. Toda autoridad legítima viene de Dios (véase Ro 13). Desconfiar de quienes Dios ha entregado el liderazgo es desconfiar del Señor. Dios nos llama a mantener una actitud receptiva frente a los líderes legítimos y nos advierte que hablemos de ellos comedidamente.

«**No hagas objeto de murmuración** al liderazgo espiritual. De esa manera te rebelas contra el Señor[...] **Escucha** a aquellos que Dios envía para hablarnos y guiarnos. **No te rebeles** contra ellos. Rechazar a los enviados de Dios es rechazarlo a Él».[7]

1. «Riqueza literaria: 14.32 sujetos», *Biblia Plenitud*, p. 1500.

2. *Ibid.*, en notas a Efesios 5.21,23 y 5.22, p. 1542.

3. «Dinámica del Reino: Cristo y la Iglesia como modelo de las relaciones entre el esposo y la esposa», *Ibid.*, p. 1550.

4. «Dinámica del Reino: Consejos sabios a las esposas», *Ibid.*, pp. 1661-62.

5. «Verdad en acción a través de Rut», #1, *Ibid.*, p. 339.

6. «Verdad en acción a través de 1 Pedro», #5, *Ibid.*, p. 1666.

7. «Verdad en acción a través de Éxodo», #5, *Ibid.*, p. 127.

Lección 7/ El lugar de los hijos en la familia

El mundo es un «baúl lleno de diversos trucos» cuando se trata de cómo ver a los niños. Por un lado, las Naciones Unidas tratan de imponer una «Carta de Derechos del Niño» que exalta a los niños a la posición virtual de dirigentes del hogar. Por otro lado, la matanza de niños en el vientre se practica en los Estados Unidos como una forma aceptable de control de la natalidad.

A las mujeres que tienen el privilegio económico de quedarse en casa para criar a sus hijos son vistas como el nuevo símbolo de posición, mientras que el movimiento de Liberación de la Mujer ve a los hijos como una interrupción en la vida, un fastidio, algo que estorba. Una generación de niños que consumen alimentos chatarra y con la llave de la casa colgada al cuello se crían solos. Los padres a menudo no son existentes excepto por un cheque mensual de manutención (si acaso llega).

De todo esto surge la pregunta de cómo se supone que debemos vivir nosotros, los creyentes. ¿Dónde encajan los hijos en el orden familiar? ¿Cómo se supone que debemos verlos? ¿Qué se requiere de ellos y cuáles son sus privilegios dentro de la familia?

Busque el Salmo 127.3-5 y cópielo a continuación.

¿Qué dice el salmista que está en directo contraste con la opinión del mundo respecto a los niños?

¿Qué más dice la Biblia respecto a la bendición de los niños? (Véase Is 8.18.)

Salmo 128.3: «Tus hijos [serán] como _____ ».

¿Qué cree que representan las «plantas de olivo» en este versículo?

Proverbios 17.6

¿Qué lugar deben ocupar los nietos en la vejez?

Lea 2 Samuel 6.23. ¿Cómo contrasta este versículo con los que acaba de leer anteriormente?

Lea todo el capítulo 6 de 2 Samuel. ¿Qué ocasionó el castigo de Mical?

█▌ ENTRE BASTIDORES

[El versículo 6.14 dice que David danzaba.] Tal regocijo (literalmente, «danzar en círculos»), acompañaba todas las grandes victorias. Casi siempre son mujeres las que danzan, no los hombres, y menos un rey. Esto explica en cierto modo la molestia de Mical (v. 16), aunque es obvio que lo que sintió por él fue desprecio.

Aquí se describe a Mical como **la hija de Saúl**, no como la esposa de David. Ella actúa con el orgullo de su padre, no con la humildad y el gozo de su esposo.[1]

¿Cómo pueden las acciones de Mical y el castigo resultante mostrarnos la importancia de dar gracias al Señor?

¿Cómo podría nuestro crecimiento continuo de agradecimiento afectar la manera en que nos relacionamos con nuestros hijos?

La Escritura nos habla específicamente en cuanto a la actitud de Jesús hacia los niños. En Isaías 40.11 el profeta nos habla sobre el futuro reinado del Mesías. ¿Cuál será la actitud y las acciones del Señor hacia los niños?

Lea los siguientes versículos para ver el cumplimiento de la profecía de Isaías. ¿Cuál fue la actitud de Jesús hacia los niños?

Mateo 10.42

Mateo 18.2-10; Marcos 9.33-37

Mateo 19.13-15

 FE VIVA

¿Qué nos dice la actitud de Jesús hacia los niños respecto a cómo debemos tratarlos nosotros?

Mencione tres maneras en que Jesús trató a los niños que nosotros deberíamos aplicar en nuestros propios hogares.

1.

2.

3.

INFORMACIÓN ADICIONAL

El valor humano no se puede igualar con raza, riqueza, posición social, o nivel educacional. Todas las personas tienen importancia y son de gran valor en el orden de Dios. Considerar a una raza, grupo, o individuo como menos importante que otro es pecado, en vista del hecho que Cristo murió por todos y por cada uno en particular. Al pie de la cruz todos somos iguales, tanto en nuestra dignidad (el Señor envió a su Hijo a morir por cada uno de nosotros) como en nuestra necesidad de aceptar su don o regalo de salvación. Aprendamos a respetar y a honrar a cada persona y a cada pueblo, sin tener en cuenta su color o como son. Cristo dijo: «... en cuanto lo hicisteis a uno de estos mis hermanos más pequeños, a mí lo hicisteis» (Mt 25.40).[2]

Lea los siguientes versículos. ¿Qué dicen respecto a mostrar parcialidad?

Levítico 19.15

Job 13.10

1 Timoteo 5.21

Santiago 2.4

¿Cómo se podría aplicar a nuestros niños esta perspectiva?

¿Qué nos dicen estos versículos respecto a un padre que favorece más a uno de sus hijos que a los demás?

La Escritura nos da un ejemplo de una madre que favoreció a un hijo más que al otro. ¿Quién fue esa madre? (Gn 25.28)

Lea Génesis 25.29-34 y 27.1—28.5. Menciones los resultados finales del favoritismo de Rebeca.

(Note que Rebeca de todas maneras perdió el respeto de Isaac y la presencia de Jacob.) ¿Hubo algo bueno como resultado del favoritismo de Rebeca y su engaño posterior? Explique su respuesta.

FE VIVA

Jesús, como el Hijo de Dios, sabía precisamente cómo mantenerlo todo en perfecto equilibrio. Como seres humanos pecadores, no siempre sabemos cómo hacerlo y la «consideración» de nuestros hijos puede perder el equilibrio al excluir al Señor, a nuestro cónyuge y otras responsabilidades.

¿Piensa que una actitud de respeto y consideración para los niños puede alimentar la falta de respeto al padre o la arrogancia del niño? Explique su respuesta.

¿Cómo podemos equilibrar el respeto por nuestros niños como personas y creación de Dios con nuestra responsabilidad de criarlos para que sean hijos de Dios? (Véase Pr 22.15.)

El respeto mutuo como creación del Creador también requiere que reconozcamos y aceptemos el hecho de que ninguno es un «accidente». Sea que lo parezca o no, desde el punto de vista humano de ver las cosas, o sea, que lleguemos o no a una familia por nacimiento o adopción, Dios sabía desde la eternidad el nacimiento y futuro de cada uno de nosotros. Copie el Salmo 68.5,6.

INFORMACIÓN ADICIONAL

Algunas veces nos referimos a las difíciles circunstancias en las cuales la gente nace como «un parto accidentado». Pero, visto desde la perspectiva divina, que formemos parte de una familia humana no es un accidente: es una decisión divina. «*Dios* junta a los solitarios en familias». De hecho, la protección y el cuidado que uno recibe en la familia es tan esencial para la vida humana, que Dios prometió intervenir personalmente a favor de las viudas y los huérfanos que pierden la protección normal de un padre y un esposo. Cuando nos sintamos tentados a quejarnos acerca de nuestra familia, o pensemos que mejor había sido nacer en otro lugar, necesitamos recuperar esta perspectiva divina. Ello no quiere decir que debamos ser pasivos o fatalistas en cuanto a nuestra situación; tampoco implica que así nos libraremos de la pena o el sufrimiento. Sin embargo, nos recuerda que el bienestar de nuestras familias humanas descansa sobre la promesa y el cuidado de nuestro Padre en los cielos, y que su propósito amante y soberano intervendrá para nuestro beneficio.[3]

FE VIVA

La manera en que nos relacionamos como hijos con nuestros padres determina la forma en que nos relacionamos con nuestros hijos como padres. Escriba tres cosas por las cuales está agradecido por sus padres.

1.

2.

3.

¡Alabe al Señor por sus padres!

Escriba lo que considera son «las tres heridas más grandes» entre usted y sus padres.

1.

2.

3.

Presente estas cosas al Señor en oración y pídale que Él haga la diferencia donde nosotros no podemos hacerla. Ahora, después de establecer una atmósfera de amor por nuestros padres, establezcamos la misma atmósfera con nuestros hijos. Escriba tres cosas por las cuales está agradecido en cada uno de sus hijos:

1.

2.

3.

¡Alabe a Dios por sus hijos!

Mencione tres aspectos respecto a los cuales teme más cuando se trata de dejar a los hijos en las manos del Señor.

1.

2.

3.

De nuevo, presente estas cosas al Señor en oración, pidiéndole que Él sea real en las vidas de sus hijos, proveyéndoles protección y atrayéndolos hacia sí.

El gobierno que ejercemos sobre el ámbito que Dios nos ha dado requiere que primero tengamos nuestra propia casa en orden. Efesios 5.22—6.3 nos da una perspectiva «íntima y personal» de cómo se debe arreglar la estructura de la familia. Lea este pasaje de la Escritura.

Escriba en orden las cuatro partes de la estructura familiar.

¿Quién debe ser la cabeza suprema de la familia? ¿Quién es la cabeza ordenada por Dios aquí en la tierra?

¿Dónde encaja el hijo en el orden familiar?

¿Cuáles son las dos principales responsabilidades del hijo?

1.

2.

¿Qué promesa se conecta a este mandamiento? (Véase Éx 20.12.)

¿Qué nos dice Gálatas 4.1-7 acerca del lugar de los hijos en la familia durante los años de su minoría de edad? (vv. 1,2)

En su opinión, ¿por qué es esto así?

¿Qué se supone que un niño debe aprender durante esos años que le hacen parecen un «esclavo» antes que hijo, pero que a la larga le permiten asumir su completa herencia como hijo?

RIQUEZA LITERARIA

«Coherederos» *sunkleronomos*; Strong #4789: De *sun*, «con», *klero*, «una cantidad», y *nemomai*, «poseer». La palabra se refiere a un coparticipante, coheredero, compañero de herencia, uno que recibe mucho juntamente con otro.[4]

«Esclavo», *dulos*; Strong #1401: de *deo*, «atar». La palabra se usaba para el esclavo, en sentido literal o figurado, voluntaria o involuntariamente, e indica sujeción o subordinación a otro.[5]

Lea las siguientes porciones bíblicas y anote otros requisitos que se han de imponer sobre los niños en la familia.

Éxodo 20.12

Proverbios 1.8; 6.20

Proverbios 23.22

1 Timoteo 5.4

Como padres, nosotros llevamos la responsabilidad de inculcar estos valores, principios y ética en las vidas de nuestros hijos. Lea Deuteronomio 6.6-9 y anote cinco formas en que podemos lograr este proceso de instrucción en las vidas de nuestros hijos.

Los padres no son los únicos que reciben exhortación en la Palabra respecto a cómo vivir. Los hijos también reciben dirección específica de la Biblia. Lea los siguientes pasajes y haga una lista de cómo la Escritura instruye a los hijos acerca de la manera de relacionarse con los padres y con el mundo que los rodea. También haga una lista de cómo estos pasajes bíblicos pueden aplicarse a su vida familiar.

Salmo 34.11

Proverbios 10.1

Proverbios 20.11

Efesios 6.1-3; Colosenses 3.20

Puesto que *todos* somos hijos de alguien, regrese a esa lista de pasajes bíblicos y anote las maneras en que estas exhortaciones pueden aplicarse a su vida respecto a *sus* padres.

FE VIVA

Compare estos versículos que acaba de leer con las palabras de Jesús en Mateo 18.3.

¿Cómo podemos enseñar a nuestros hijos a continuar «siendo como niños» en sus vidas?

¿Hay maneras en que podemos inculcar esas lecciones por la forma en que nosotros somos «como niños» en nuestras vidas?

En su opinión, ¿por qué Jesús enfatizó tanto en que «seamos como niños»?

¿Cómo se relaciona nuestro Padre celestial con nosotros como «hijitos»?

¿Cómo debería esto afectar o cambiar la manera en que usted se relaciona con sus hijos?

INFORMACIÓN ADICIONAL

Jesús confronta la tendencia de la humanidad a asociar la autoridad con un ejercicio de dominio sobre otros. El dominio o autoridad en la vida del Reino, que Dios quiere restablecer en nosotros, es para una vida victoriosa y fructífera, para echar fuera los poderes infernales, no para controlar a otros o servir a nuestros propios intereses. Su llamado a ser humildes como un niño y a servir de corazón (Jn 13.1-17), establece el espíritu y sienta la pauta para que el creyente ejercite su autoridad como un agente del poder del Reino de Dios. (Véanse Mt 19.14; Mc 10.14,15; Lc 18.16,17.)[6]

Al retener nuestra condición de ser como niños en el Reino, debemos reconocer que a través de nuestras vidas también retenemos nuestros papeles como hijos de nuestros padres. Aunque la manera en que se vive ese papel puede cambiar con el tiempo, a medida que llegamos a la edad adulta, y nuestros padres envejecen, siempre serán nuestros padres y nosotros seremos sus hijos. Lea los siguientes pasajes bíblicos y haga una lista de cómo deben ser las relaciones con nuestros padres como hijos adultos.

Génesis 18.19

Levítico 19.32

Deuteronomio 4.2

Salmo 71.9

Proverbios 17.6

Proverbios 20.29

1 Timoteo 5.1

¿De qué maneras cambia nuestro papel hacia nuestros padres?

¿Cómo sigue siendo el mismo?

¿Qué papel juegan nuestros padres en nuestras vidas como adultos?

¿A quién más debemos tratar con el honor y respeto debido a nuestros padres?

1. *Biblia Plenitud*, en notas a 2 Samuel 6.14 y 6.16, p. 387.
2. «Dinámica del Reino: Acepción de personas», *Ibid.*, p. 1647.
3. «Dinámica del Reino: La voluntad divina une a las personas en familias», *Ibid.*, p. 695.
4. «Riqueza literaria: 19.9 coherederos», *Ibid.*, p. 1636.
5. James Strong, *Strong's Exhaustive Concordance of the Bible* [Concordancia exhaustiva de la Biblia por Strong], Abingdon Press, New York, 1890, p. 24, Diccionario Griego #1401.
6. «Dinámica del Reino: Ser como niño», *Biblia Plenitud*, p. 1218.

Lección 8/Paternidad bíblica

Los padres tienen un papel único y retador en el orden de Dios: tenemos la responsabilidad de criar a la próxima generación del Reino de Dios. Esto obviamente nos lleva mucho más allá de la simple provisión física de las necesidades de nuestros hijos en cuanto a alimento, techo y abrigo. Tenemos también una obligación moral, espiritual, emocional e intelectual para con nuestros hijos.

 FE VIVA

Lea 1 Pedro 2.9. Anote lo que es verdad respecto a nosotros y, por consiguiente, de nuestros hijos.

Lea Proverbios 22.6. ¿Qué instrucción (y promesa) da la Escritura a los padres para garantizar que sus hijos lleguen a ser la próxima «generación escogida» del Señor?

Lea Tito 2.6-8. ¿Qué debemos enseñar a la generación joven? ¿Cómo impacta este pasaje en la manera en que vivimos?

¿Cómo nos dice 1 Timoteo 4.12 que debemos enseñar a vivir a nuestros hijos?

INFORMACIÓN ADICIONAL

Dios ha dado a los padres la responsabilidad de criar a los hijos; esta no es la responsabilidad de los abuelos, de las escuelas, del estado, de grupos juveniles, ni de los compañeros y amigos. Aun cuando cada uno de estos grupos pudiera ejercer influencia sobre los niños, en última instancia, el deber y la responsabilidad descansan sobre los padres y, particularmente, sobre el padre, a quien Dios ha designado «cabeza» de la familia, a fin de que la dirija. Se necesitan dos cosas para la apropiada enseñanza de los hijos: una *actitud* correcta y un *fundamento* correcto. Una atmósfera permeada con crítica destructiva, condenas, falsas expectativas, sarcasmo, intimidación y temor, «provocará a ira al niño». En una atmósfera semejante, no se podrá ofrecer enseñanza sana alguna.

La alternativa positiva sería una atmósfera rica en ternura, entusiasmo, afecto y amor. En una atmósfera así, los padres pueden edificar las vidas de sus hijos sobre el precioso fundamento del conocimiento de Dios.[1]

A través de toda la Escritura vemos cómo los padres influyeron en sus hijos para la justicia o para el mal. Lea los siguientes pasajes y llene el cuadro que sigue:

Pasaje bíblico	¿Quiénes son los padres que se mencionan?	¿Cómo influyeron en sus hijos?	¿Qué podemos aprender de sus ejemplos?
Génesis 24.1-6 26.1-5			
Rut 4.13-17			
1 Samuel 2.12-17, 22-25			
1 Reyes 2.1.1-6, 24-27			
2 Crónicas 33.21— 34.3			

Ester 5.9-14;
    9.12,13

2 Timoteo 1.3-5

En muchos casos, vemos que el mal engendra el mal y el bien engendra el bien. Sin embargo, en algunas situaciones el bien dio lugar al mal o viceversa. ¿Cuáles cree que fueron las acciones indebidas de Elí y David que condujeron a sus hijos hacia el mal?

¿Qué piensa que ocurrió en la vida de Josías que le permitió volverse al Señor a pesar de su legado perverso?

FE VIVA

¿Qué parte cree que tiene la herencia en el legado espiritual de una persona?

Lea Lamentaciones 5.7 y Éxodo 34.7. ¿Qué nos dicen estos versículos respecto a la parte que nuestros padres juegan en nuestra herencia espiritual? ¿Qué clase de herencia espiritual le dieron sus padres?

Ya sea que la instrucción espiritual de sus padres fuera positiva o negativa, ¿qué nos dice la Escritura respecto a nuestra herencia espiritual ahora como creyentes en Jesucristo?

2 Corintios 5.17

Efesios 4.6

1 Pedro 2.9

INFORMACIÓN ADICIONAL

Dios quiere un pueblo que camine con Él en oración, marche con Él en alabanza, le dé gracias y le adore. Nótese la progresión en la descripción que Pedro hace del pueblo del nuevo pacto: 1) *Somos linaje escogido*: un pueblo que empezó con la selección que hizo Jesús de los doce, quienes llegaron a ser 120, y a los que fueron añadidos miles en el Pentecostés. Somos parte de esta generación que crece constantemente, «escogidos» cuando recibimos a Cristo. 2) *Somos real sacerdocio*. Bajo el antiguo pacto, el sacerdocio y la realeza estaban separados. Nosotros somos ahora, en la persona de nuestro Señor, «reyes y sacerdotes para Dios» (Ap 1.6), una hueste que adora y un sacerdocio real, gente preparada para caminar con Él a plena luz, o para pelear junto a Él contra las huestes de las tinieblas. 3) *Somos una nación santa*, compuesta de judíos y gentiles, de toda nación bajo del cielo, 4) *Somos un pueblo adquirido por Dios*, su gente escogida. La intención de Dios, desde el tiempo de Abraham, ha sido escoger a un pueblo para enviarlo con una misión especial: la de proclamar su alabanza y propagar su bendición a lo largo y ancho de la tierra.[2]

¡Alabado sea el Señor que al recibir a Jesús en nuestros corazones, heredamos una nueva familia, un nuevo Padre y una nueva herencia espiritual!

Lea estos versículos que también hablan de la influencia del justo sobre las generaciones venideras. ¿Qué promete el Señor en cada versículo?

Salmo 37.25,29

Salmo 102.28

Salmo 112.2

Proverbios 20.7

INFORMACIÓN ADICIONAL

Dios se revela como un Padre cariñoso, cercano a sus hijos, y sensitivo ante sus necesidades, por lo tanto les enseña, los ama, los ayuda y los sana. El crecimiento no es algo que Dios abandone a la casualidad; el Señor *nutre* conscientemente a sus hijos. El sentimiento de Dios hacia sus hijos está representado en el significado que se esconde tras el nombre de Oseas: «Liberador» o «el que ayuda». La raíz hebrea *yasha* indica que la liberación o la ayuda se ofrece por gracia y abiertamente, y a su vez provee un refugio seguro para cada hijo de Dios. Este es el modelo bíblico para los padres; Dios confía los hijos a sus padres y permite que sus enseñanzas fluyan a los hijos a través de ellos.[3]

Lea Oseas 11.1-4 y anote cómo Dios nutrió a su hijo, Israel.

Parte de tener un corazón semejante al de Dios exige que reconozcamos el hecho de que amar y cuidar a los niños le honra a Él.

INFORMACIÓN ADICIONAL

El pacto de Dios con Adán y Eva contenía dos provisiones independientes: *descendientes* y *dominio*. Dos personas solas no podían dominar la tierra. Esto requería descendientes.

Para los creyentes el tener niños es una respuesta a un mandamiento: «Fructificad y multiplicaos; llenad la tierra, y sojuzgadla...» (Gn 1.28). En este salmo [127.3] los niños son llamados «herencia de Jehová». Ello significa que los niños pertenecen a Dios; son «nuestros» sólo en un plano secundario[...]

Cuando una pareja contrae matrimonio, se compromete a amar, servir y sacrificarse por la próxima generación. El cuidar y amar a los niños es una de las principales formas de honrar a Dios y compartir la tarea de edificar su Reino.[4]

Una vez que vemos la paternidad a través del corazón de Dios, tenemos que llegar a la aplicación minuciosa y práctica de todos los días. La Biblia nos da algunas instrucciones muy claras de cuáles son nuestras responsabilidades como padres. Lea los siguientes pasajes bíblicos y anote lo que el Señor dice que tenemos que hacer como padres.

Proverbios 22.6

 ## INFORMACIÓN ADICIONAL

Instruye: Encierra la idea de unos padres que dedican sus energías a dotar a un niño de sabiduría y amor, a alimentarlo y disciplinarlo para que se convierta en alguien completamente dedicado a Dios. Ello presupone madurez espiritual y emocional por parte de los padres. **En su camino:** Significa también que se le instruya para que sea capaz de refrenar cualquier inclinación que lo aparte de Dios (por ejemplo: falta de voluntad o disciplina, predisposición a la depresión). De esa manera, la promesa consiste en que un desarrollo apropiado del niño asegura que este se mantenga en los caminos de Dios.[5]

1 Samuel 2.19; 1 Timoteo 5.8

2 Samuel 12.16

Isaías 38.19

Lucas 15.20-24

Efesios 6.4

1 Timoteo 3.4

Tito 2.4

Ahora vuelva a la lista que acaba de hacer y determine si alguno de esos aspectos cae en alguna de las tres áreas principales de responsabilidad paterna: moral, intelectual o espiritual.

Antes de seguir adelante y según el propósito de nuestro estudio, pongámonos de acuerdo con las definiciones de estas palabras. Primero, el «intelecto» se puede definir como la capacidad de razonar, comprender y discernir las diferencias. La «moral» se refiere a ser capaz de distinguir entre el bien y el mal en la conducta y en el carácter. *Webster's* define «espíritu» como «el principio de la vida, especialmente en el hombre, considerado como inherente en el aliento o infundido por una deidad; la parte pensante, motivadora y sentimental del hombre, distinguiéndose a menudo del cuerpo».[6]

Las palabras que la Biblia usa para «espíritu» la definen más. En hebreo la palabra es *ruach*, que significa espíritu, viento o aliento. En el Nuevo Testamento, la palabra griega *pneuma* tiene un significado similar. En Génesis 6.17 «el *ruach* de vida» se traduce como «espíritu de vida» o «aliento de vida». Generalmente se le traduce «espíritu», ya sea este el espíritu humano, un espíritu perturbador (1 S 16.23) o el Espíritu de Dios.[7] *Pneuma* es aquella parte de una persona que puede responder a Dios.[8]

Efesios 5.1-21 nos da un bosquejo a seguir en relación a la provisión para nuestros hijos con sólidas bases morales, espirituales e intelectuales para la vida. La crianza de nuestros hijos, sin embargo, nos demanda fuerza de carácter, determinación y, sobre todo, constancia en cada aspecto de la vida, además de cómo administramos en nuestros hogares las normas de Dios.

Nuestra obligación moral puede cumplirse conforme enseñamos a nuestros hijos las verdades que se hallan en Efesios 5.1-7. Lea estos versículos y anote las cosas que debemos enseñar a nuestros hijos para que sigan y eviten.

FE VIVA

Efesios 5.1 dice que debemos imitar a Dios «como hijos amados». Esto da por sentado que nuestros hijos también deben tratar de imitar a sus padres: ¡nosotros! Basado en este pasaje, ¿qué necesitaría cambiar en su vida para ser un ejemplo digno de imitarse?

Sin duda, habrá ocasiones en que nuestros hijos no nos comprenderán cuando procuremos poner en práctica la voluntad de Dios para criarlos. Pero anímese. La Biblia incluso nos da una pauta a seguir durante los años de la minoría de edad de nuestros hijos. Lea Gálatas 4.1,2. ¿Qué luz arroja esto sobre cómo debemos tratar a nuestros hijos en sus primeros años?

¿Cómo se pueden poner en práctica estos versículos en una atmósfera de amor?

¿Qué piensa que pudieran ser los beneficios de que a un niño se le trate como «siervo» en el hogar (según se describe en el pasaje de Gálatas) antes que como a un igual?

Lea Marcos 10.43,44. ¿Cómo pudieran relacionarse estos versículos con los de Gálatas? ¿Cómo es que aprender a «ser un siervo» en su infancia puede ayudar a nuestros hijos en su capacidad de «ser grandes» en su edad adulta?

Lea estos versículos que nos dicen otros aspectos de la norma moral de Dios. Anote lo que debemos aprender.

Miqueas 8.8

Santiago 2.9

FE VIVA

Mateo 5.8; 1 Juan 3.3

Juan 4.23,24; 15.26

Deténgase ahora mismo y pídale al Señor que le muestre cómo puede aplicar en el hogar sus normas morales en una atmósfera imparcial y de amor.

Hace poco, en una conversación con mi hijo adolescente, me percaté otra vez de la importancia y prioridad de mi tarea espiritual como madre. Mientras hablábamos le dije que, aun cuando me interesaba su bienestar físico, sus emociones, sus calificaciones, sus deportes, todo lo relacionado con su vida, me interesaba más su alma; porque esa es la única parte que durará por la eternidad. Por primera vez él empezó a ver cómo todo lo demás palidece en comparación con ese aspecto de nuestras vidas.

Efesios 5.8-14 nos dice cómo podemos cumplir nuestra responsabilidad espiritual. Lea este pasaje y anote lo que el Señor dice que debe ser parte de una vida piadosa.

Infundir estas verdades en el corazón de nuestros hijos es una prioridad suprema y de siempre, porque nuestra más grande necesidad es la salvación. Y esto se aplica también a nuestros hijos.

INFORMACIÓN ADICIONAL

El valor del ser humano se puede inferir del precio que se pagó para redimir al hombre (Jn 3.16; 1 Co 6.20). Dios el Hijo, a través de quien los mundos fueron creados, se hizo carne y murió por los pecados del género humano. El hecho de que voluntariamente derramara su sangre y muriera por nosotros revela no solamente el valor de la personalidad humana, sino también la importancia de la salvación. A través de Cristo, los creyentes son perdonados, justificados y, por el nuevo nacimiento, renovados en la imagen de Dios. Los hombres y las mujeres caídos sólo pueden producir las obras de la carne. Sólo el Espíritu, a través del nuevo nacimiento, puede renovar y recuperar aquello que la caída destruyó (Jn 3.5,6). Para alcanzar el más alto potencial humano y tener vida abundante, debemos aceptar a Cristo por la fe.[9]

Para comunicar a plenitud la importancia de la dimensión espiritual de nuestras vidas y disfrutarlas al máximo, debemos estar dispuestos a reconocer que la parte espiritual e invisible de la vida es real, quizás aún más que la física y tangible. Lea estos versículos para ver lo que la Biblia enseña respecto a nuestras vidas en el campo invisible.

Romanos 1.20

2 Corintios 4.18

Colosenses 1.15,16

Hebreos 11.27

Ver el mundo invisible, mediante el poder del Espíritu Santo, es lo que nos da la perspectiva para tratar a cada uno de nuestros hijos de acuerdo a su nivel de necesidad, comprensión y madurez, haciendo impacto en cada ataque que Satanás intentará lanzar contra sus vidas. Y al enseñarles estos principios de la vida, pueden empezar a aplicarlas en sus vidas de modo que cuando no estén bajo nuestro cuidado, su crecimiento espiritual no se detenga.

Iniciamos nuestra influencia espiritual en nuestros hijos cuando son pequeños al presentarlos en dedicación al Señor. Lea acerca de la dedicación de Samuel y de Jesús. ¿Qué lecciones obtendría a partir de estos ejemplos? ¿Es la dedicación un acontecimiento de una vez en la vida o hay alguna aplicación que podemos hacer todos los días?

1 Samuel 1.19-28

Lucas 2.22-24

Lea los siguientes versículos y haga una lista de otros principios espirituales que debemos infundir en nuestros hijos.

Salmo 31.23

Salmo 138.2

Proverbios 16.20

Efesios 6.1

Santiago 4.10

 FE VIVA

¿Cree que al exigir a nuestros hijos que nos respondan con estos rasgos les ayudará a hacer lo mismo con el Señor como su Padre celestial al llegar a la madurez? Si vamos a exigir que nuestros hijos reaccionen con estas características, explique la importancia de autodesarrollarlas en nuestras vidas.

Ahora lea Efesios 5.15-21 mientras exploramos cómo poner en práctica nuestro deber intelectual al criar a nuestros hijos. Ya hemos definido «intelecto» como la capacidad de razonar o discernir. Esto hace que nuestra responsabilidad paterna no sea sólo lograr que nuestros hijos respondan con acciones, sino ayudarlos a desarrollarse en personas que piensan, que razonan, que pueden hacer decisiones sabias basadas en la Palabra de Dios.

Lea Efesios 5.15-21 y haga una lista de cómo el Señor nos dice que debemos andar en sabiduría.

«No seáis insensatos», nos exhorta el versículo 17, «sino entendidos». Proverbios 1.20—4.27 describe a la sabiduría como una mujer hermosa y que discierne, a la cual debemos abrazar y aferrarnos durante nuestra vida. Busque, lo más pronto que pueda, tiempo para leer todo este pasaje de la Biblia, pero por ahora lea 4.7-13 y anote cómo la sabiduría exalta a la persona.

Lea estos otros versículos bíblicos y haga una lista de las maneras en que debemos relacionarnos con el Señor (y enseñar a nuestros hijos a relacionarse con Él) desde un punto de vista intelectual.

Salmo 78.5-8

Salmo 119.15

Proverbios 9.10

2 Timoteo 3.15

Santiago 1.5

Todo esto puede ser una tarea intimidante, ¡incluso para el padre de corazón más firme! Pero el Señor no nos ha dejado sin estímulo. Lea los siguientes versículos y anote cómo el Señor ha prometido ayudarnos a lograr lo que nos ha puesto delante.

Deuteronomio 33.27

Salmo 18.35

Isaías 41.10

Isaías 46.4

1. «Dinámica del Reino: Los padres tienen la responsabilidad de criar a sus hijos», *Biblia Plenitud*, pp. 1550-51.
2. «Dinámica del Reino: Caminar adorando a Dios», *Ibid.*, p. 1660.
3. «Dinámica del Reino: El corazón amoroso de Dios en los padres fluye hacia los niños», *Ibid.*, p. 1067.
4. «Dinámica del Reino: El cuidado y el amor por los niños honra a Dios», *Ibid.*, p. 745.
5. *Ibid.*, en nota a Proverbios 22.6, p. 786.
6. «Intelecto», *Webster's New World Dictionary of the American Language*, World Publishing Co., NY, 1970, p. 732.
7. «Riqueza literaria: 23.2 Espíritu», *Biblia Plenitud*, p. 407.
8. «Riqueza literaria: 7.6 Espíritu», *Ibid.*, p. 1457.
9. «Dinámica del Reino: La mayor necesidad del hombre es la salvación», *Ibid.*, p. 1658.

Lección 9/La forma de la disciplina familiar

En el capítulo anterior analizamos nuestra responsabilidad de criar a nuestros hijos en los caminos del Señor. En este capítulo veremos nuestra responsabilidad como padres para disciplinar a nuestros hijos.

Aquí, de nuevo, el punto de vista del mundo es drásticamente diferente del de Dios. Mientras el mundo argumenta que la indulgencia y la llamada «libertad» son las formas de criar a los hijos, Dios advierte respecto a las serias consecuencias de no gobernar dentro de sus leyes y a proveer a nuestros hijos con límites inflexibles. Él nos enseña, además, que cuando se violan esos términos, nosotros como padres tenemos la obligación de ejercer disciplina firme acompañada del castigo cuando sea apropiado.

 ## INFORMACIÓN ADICIONAL

La disciplina es la otra cara de la enseñanza. Aun los niños con un espíritu de aprendizaje necesitan explicaciones detalladas, mucha paciencia, oportunidades para entrenarse y experimentar, así como el derecho de aprender mediante sus errores. Pero un niño consentido (Pr 29.15), rebelde (1 S 15.23) o terco (Pr 22.15), se desentiende de lo que le han enseñado y rompe la armonía familiar. La respuesta divina a ello es la disciplina firme y amorosa.

La Biblia hace una clara distinción entre la disciplina y el abuso físico. La disciplina puede ser dolorosa, pero no perjudicial. Nunca debemos hacer daño a un niño (Pr 23.13), aunque en ocasiones el dolor puede formar parte de una corrección efectiva. Dios mismo se describe como un partidario estricto de la disciplina. Aunque siempre nos disciplina por amor y para beneficio nuestro, su corrección puede causarnos dolor (Heb 12.5-11). De igual manera, Dios exige que los padres disciplinen correctamente a sus hijos. Hasta el destino eterno del niño puede depender de la disciplina provista por sus padres (Pr 23.14).[1]

Lea los siguientes versículos y responda según se instruye. Anote las diferentes maneras en que el Señor nos guía a disciplinar a nuestros hijos.

Deuteronomio 8.5,6

Proverbios 3.11,12

Apocalipsis 3.19

¿Con qué propósito aleccionó Dios a su pueblo? ¿Cómo refuerza la disciplina nuestro amor por nuestros hijos?

Salmo 94.12

¿Qué lugar ocupa la enseñanza en la disciplina a nuestros hijos?

Jeremías 10.24

La justicia trae consigo la idea de imparcialidad, equidad y verdad. ¿Cómo se supone que estos principios nos guíen en la forma de disciplinar?

1 Corintios 4.14

Romanos 15.14

Defina «amonestar». ¿Dónde encaja esto en nuestro concepto de disciplina?

Efesios 6.4

El mundo comprende la disciplina corporal sólo desde el punto de vista de alguien que actúa bajo ira incontrolable. Explique cómo en el Señor podemos disciplinar y castigar a nuestros hijos sin ser coléricos y sin motivarlos a reaccionar con ira.

Mencione los tres tipos diferentes de personas descritos en 1 Tesalonicenses 5.14. ¿Pueden los niños caer en alguna de estas categorías? ¿Recomienda la Escritura el mismo tipo de disciplina para cada uno? ¿Qué enseña esto acerca de cómo relacionarnos con nuestros hijos?

Explique la sabiduría de la instrucción de Dios en cuanto a que disciplinemos prontamente a nuestros hijos.

Proverbios 10.13

Proverbios 13.24

Proverbios 19.18

Proverbios 22.15

Proverbios 23.13,14

INFORMACIÓN ADICIONAL

Si lo castigas con vara: Alude a reprender al niño con la mano o un instrumento que no lo lastime. La Biblia enseña que la represión debe estar asociada a una actitud amorosa y paciente (Heb 12.3-6), que los azotes son necesarios al administrar disciplina (Pr 22.15), que los padres no se deben exceder al disciplinar a sus hijos (19.18), y que hace falta para mantenerlos en el camino recto (v. 14).[2]

Proverbios 29.15

Mencione tres maneras en que la disciplina corporal puede infundir sabiduría en un niño.

CONSECUENCIAS DE NO EXIGIR DISCIPLINA

La Escritura nos advierte sobre las terribles consecuencias que vendrán al negarnos a administrar la disciplina adecuada. Esta negación quizás se manifieste de varias maneras. Podemos:

1. No hacer nada: pasar por alto la violación.
2. Reaccionar exageradamente: aplicando un castigo que no se ajusta a la ofensa.
3. Reaccionar muy poco: enseñar a nuestros hijos a «librarse con facilidad».
4. Amenazar: perdiendo la autoridad de nuestras palabras en las vidas de nuestros hijos.
5. Excusarlos: justificando la conducta incorrecta.
6. Castigar sin la debida explicación: creando temor y confusión.

En todos esos casos los niños aprenden a detestar la disciplina, a no prestar atención a la misma, a tratarla como una parte indispensable de sus vidas y a menospreciar la autoridad que intenta administrar la corrección justa. Esto da lugar a actitudes en sus vidas de rebelión, falta de respeto e insensatez. La Escritura nos da varios ejemplos donde la corrección no se aplicó o se rechazó de plano. Lea estos versículos y anote las consecuencias de permitir que nuestros hijos menosprecien la disciplina.

1 Samuel 3.13

1 Samuel 8.3

1 Reyes 1.6

Jeremías 5.3

Sofonías 3.7

Los libros proféticos del Antiguo Testamento son un recuento de lo que le ocurriría a Israel, el hijo de Dios, como resultado de su rebelión. Su continua negativa a responder a la disciplina amorosa trajo sobre ellos un castigo mucho más riguroso. Por la manera en que se relacionó con su pueblo, Israel, el Señor nos ha mostrado que hay varios niveles de disciplina.

Lea Hebreos 12.5-13 y anote las diferentes palabras que se usan para disciplina. De acuerdo con este pasaje, ¿cuál cree que es el propósito de la disciplina?

Compare este pasaje con Proverbios 3.11,12. ¿Hay alguna palabra diferente usada aquí para disciplina?

De estos pasajes comprobamos que hay diferentes formas de disciplina. Una es la simple instrucción al niño. Otra es la amonestación verbal, una advertencia. Por último, cabe disciplinar físicamente al niño que persiste en desobedecer después de la instrucción y el regaño.

En este punto nuestras creencias y la aplicación de las mismas discrepan mucho de lo que cree el mundo. Aquí debemos dar un vistazo a cómo disciplinamos físicamente a nuestros hijos. Según hemos visto, Dios no nos «azota» por todo, ni tampoco nosotros debemos hacerlo por cada infracción. Las violaciones menos serias pueden castigarse «físicamente» de varias maneras. «Ponerlo de penitencia», privarle de algún privilegio o asignarle quehaceres adicionales son otras maneras de tratar físicamente con una situación (puesto que a estos castigos no debe llamárseles instrucción ni represión), sin tener que recurrir siempre a los azotes. Las zurras pierden su impacto si se usan para todo.

Que esto no parezca como que se menosprecia la «aplicación de la vara». La Escritura aclara también que azotar es un acto de obediencia, fe y confianza de nuestra parte. Obedecemos a la Palabra de Dios, creemos en sus promesas y confiamos en que Él obrará en nuestros hijos, trayendo sabiduría y liberación a sus vidas.

FE VIVA

Lea, copie y memorice Proverbios 23.14

¿Cómo ha usado la disciplina física en su hogar?

¿Piensa que ha azotado demasiado o poco?

¿Cómo podría remediar la situación?

¿Cuáles son algunas maneras en que puede aplicar la disciplina física sin recurrir a los azotes?

Analice los siguientes versículos para ver cuáles son los resultados de nuestra obediencia.

Deuteronomio 5.29

Job 36.11

Proverbios 15.20

Proverbios 23.24

Hebreos 12.11

Santiago 1.25

Lea Deuteronomio 7.12-26 y 28.1-14 y anote todas las maneras en que el Señor quiere bendecir a los que le sirven y crían a sus hijos siguiendo sus caminos.

1. «Dinámica del Reino: La disciplina correctiva para los rebeldes», *Biblia Plenitud*, p. 777.

2. *Ibid.*, en nota a Proverbios 23.13-14, p. 787.

Tercera parte:
El perfeccionamiento de la familia

Lección 10/*Familias llenas de amor*

El amor es el cimiento, la motivación y el principio fundamental detrás de todo lo relacionado con el Reino de Dios. «Porque de tal manera amó Dios al mundo», declaró Jesús. «El mayor de ellos es el amor», escribió el apóstol. «Conocerán todos que sois mis discípulos, si tuviereis amor los unos con los otros», anunció también nuestro Salvador.

Esto no es menos cierto en nuestras familias. Es más, en una cultura turbulenta plagada con el divorcio, la violencia, el maltrato, drogas, injusticia y desorden, el impacto del amor de Dios en nuestros hogares se torna indispensable si vamos a ordenar nuestros hogares de acuerdo a los mandamientos de Dios.

 ## INFORMACIÓN ADICIONAL

[En Juan 15.12,13] se compendian todos los deberes y lo que debe guiar la conducta de los discípulos de Jesús. De forma sencilla, esta declaración establece lo que debe ser prioritario para nosotros y la senda que hemos de seguir. 1) Nuestra prioridad es amarnos los unos a los otros. 2) Nuestra senda es amar como Cristo nos amó, «poniendo su vida». ¿Quién puede medir este amor? Cristo dejó el confort, el gozo y la adoración del cielo para llevar sobre sí los pecados de la humanidad. Soportó el dolor de los azotes, los clavos en sus manos, la lanza que hirió su costado, la corona de espinas sobre su cabeza, todo lo cual ejemplifica la medida de su amor. Descubrimos su amor, vemos su manera de amar y, al mismo tiempo, somos llamados a sobrellevar los pecados de otras personas, el dolor que se nos impone, los golpes que nos propina, las crueldades y el trato impropio de que nos hacen objeto. ¿Imposible? Sí, para la naturaleza humana;

pero como nuevos templos del Espíritu Santo, quien ha derramado el amor de Dios en nuestros corazones, podemos pedir y recibir la gracia y el poder de amar tal como Jesús amó.[1]

Lea estos versículos fundamentales acerca del amor de Dios en nuestras vidas y anote cómo deben impactar ellos nuestra vida familiar.

Juan 14.23

Romanos 8.35

Romanos 12.10

RIQUEZA LITERARIA

Amor fraternal, *philadelphia;* Strong, #5360: De *phileo*, «amar», y *adelphos*, «hermano». La palabra indica el amor de hermanos, el afecto fraternal. En el NT el vocablo describe el amor que los cristianos sienten por otros cristianos.[2]

Amas, *phileo;* Strong, #5368: Ser aficionado a, preocuparse con afecto, estimar, encontrar placer en, sentir una atracción personal por alguien. Jesús le preguntó a Pedro si le tenía amor *ágape*. Pedro contestó con *phileo*, lo cual en ese momento era todo lo que él tenía para dar. Posteriormente, cuando el Espíritu Santo le hizo comprender con mayor plenitud lo que el amor significa, es decir el amor *ágape*, Pedro utilizó nueve veces, en sus escritos, las palabras *ágape/agapao*.[3]

Romanos 13.8

Gálatas 5.13,14

Filipenses 1.9

Colosenses 2.2

1 Tesalonicenses 4.9

Anote tres maneras en que Dios nos enseña a amarnos unos a otros.

1 Juan 3.16

1 Juan 3.18

![] **RIQUEZA LITERARIA**

Amor, *ágape;* Strong #26: Una palabra a la que el cristianismo le dio un nuevo significado. Fuera del NT, raramente se usa en los manuscritos griegos existentes de la época. *Ágape* denota una invencible benevolencia y una irreductible buena voluntad, que siempre busca el bien de la otra persona, no importa lo que esta haga. Es el amor sacrificial que da libremente sin pedir nada a cambio y no se para a considerar el valor de su objeto. *Ágape* es un amor que se ofrece conscientemente, mientras *philos* depende de circunstancias involuntarias; tiene que ver con voluntad más que con la emoción. *Ágape* describe el amor incondicional de Dios por el mundo.[4]

De este modo vemos que mientras el amor de Dios es fundamental en nuestros hogares, también se basa en nuestra voluntad. Los medios de comunicación masiva aprueban que las parejas que se casan entonen las palabras superficiales: «Mientras nos *amemos*», suponiendo que el «amor» es una simple emoción pasajera. «Mientras dure... ¡fantástico! Pero tan pronto pase, salgo en busca de un juego mayor y mejor». No reconocen en lo más mínimo que el verdadero amor, la clase de amor de Dios, avance más allá de la pasión al compromiso y confianza de que podemos vivir siempre juntos.

¡El amor es una elección! Así es como Dios nos *ordena* amar. Lea los siguientes versículos y anote a quién y a qué Dios nos manda que amemos.

Levítico 19.18

Levítico 19.34

Deuteronomio 6.5

Salmo 119.97

Proverbios 4.5,6

Amós 5.15

Miqueas 6.8

Zacarías 8.17,19

Mateo 5.44

Juan 13.34

Efesios 5.25

2 Timoteo 4.8

Tito 2.4

1 Pedro 1.7,8

¿Qué o cómo no debemos amar?

Proverbios 20.13

1 Timoteo 6.10

1 Juan 2.15

1 Juan 3.18

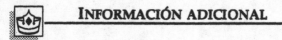

INFORMACIÓN ADICIONAL

El que Cristo nos mande a amar indica que el amor no es solamente un sentimiento o una preferencia; es lo que uno hace y cómo uno se relaciona con otros; es decir, una decisión, un compromiso, una manera de comportarse. Jesús declara que el mundo conocerá que somos sus discípulos si nos comportamos amorosamente los unos hacia los otros. Cismas, disputas, críticas mordaces y difamación, son contrarias al Espíritu de Cristo. Su amor fue un amor sacrificial, incondicional; es un amor constante y espontáneo, que vela por los mejores intereses del ser amado. Él nos manda que nos amemos como Él nos ha amado.[5]

 ## FE VIVA

Lea los siguientes versículos para ver cómo se manifestó en la vida de Jesús el amor incondicional; luego responda las siguientes preguntas.

Mateo 9.36

Mateo 19.13,14

Marcos 2.16,17

Lucas 4.40

Lucas 22.42

Juan 8.10,11

Juan 11.35,36

A partir de estos pocos ejemplos, vemos que el amor de Jesús nunca hizo componendas ni tampoco críticas, estuvo dispuesto a abandonar su comodidad y conveniencia por otros, siempre acogiendo y asequible. ¿Qué áreas de su vida familiar necesitan la influencia de esta clase de amor altruista?

¿Cómo pueden los ejemplos vistos de la vida de Jesús enseñarle a mostrar más amor a los miembros de su familia?

¿Puede pensar en algunos otros ejemplos de la vida de Jesús aplicables a su situación? Anótelos.

Conociendo su personalidad, ¿cuál sería el obstáculo más grande para lograr estos cambios?

Antes de presentar estas cosas al Señor, busque y lea el pasaje de Mateo 7.7,8 y escríbalo a continuación.

¿Qué le dice el Señor que hará a cualquiera que pida? Ahora presente su situación al Señor, creyendo que Él le fortalecerá y equipará para mostrar su amor en su hogar.

 ## INFORMACIÓN ADICIONAL

[En 1 Juan se nos dan los] pasos para mostrar el amor de Dios. Dios se nos reveló a través de Jesucristo, para que pudiéramos tener la luz de la vida gracias a la presencia del Espíritu Santo. Nuestra misión es permitir que la luz permanezca en nosotros y siga resplandeciendo para la gloria de Dios. Esto ilumina la vida de otros, y extiende la comunidad de Dios. El amor hacia otras personas es la señal segura de que Dios vive en nosotros y de que gozamos del compañerismo de su amor.

Vive lleno de gozo. Ten comunión con Dios y con su pueblo (1 Jn 1.3,4). Deja que la Palabra de Dios viva en ti, para que puedas vivir en Dios. ¡Para que tengas vida eterna! (2.24,25). Comprende que la justicia se manifiesta en la conducta. Practica la justicia. ¡Ama a tus hermanos! (3.7-15). Comprende que el miedo revela una ausencia de amor. Conoce que la presencia de Cristo siempre se manifiesta en amor (4.7-19).[6]

Lea los siguientes versículos y escriba cómo la presencia de Dios y su amor se unen en nuestras vidas.

Juan 15.9

Romanos 5.8

1 Corintios 16.23,24

Gálatas 5.22

Efesios 3.19

Efesios 5.2

2 Tesalonicenses 3.5

1 Timoteo 1.14

1 Juan 4.7

La presencia de Dios en nuestras vidas es un prerrequisito para tener su amor, y mientras más cerca estemos de Él, más cerca estamos y amamos más a los que nos rodean. El Salmo 15 nos enseña que lo contrario también es verdad: para acercarnos a Dios, debemos amar a los demás.

INFORMACIÓN ADICIONAL

«En el Salmo 15 David le pregunta a Dios sobre las cualidades que se necesitan para morar en su tabernáculo (v. 1).

La respuesta divina revela que el «morar» en la presencia y los propósitos divinos requiere la voluntad de mostrar una estrecha relación con los demás. ¡Para tener una estrecha relación con Dios debes decidirte a conducir tu vida manteniendo relaciones correctas con los demás! Dios le dice a David 1) que hable misericordiosamente de su prójimo; 2) que nunca murmure o diga algo que destruya la reputación ajena; 3) que nunca lastime a otra persona *en manera alguna*. 4) Finalmente, Dios le advierte a David que no "reproche" a su prójimo. «Reprochar» (del hebreo *cherpah*) significa "echar la culpa, desacreditar, desgraciar o avergonzar". Si el Antiguo Testamento enseña que para satisfacer nuestro deseo de acercarnos a Dios debemos darle prioridad a nuestro amor por los demás, el mandamiento neotestamentario de "amar al prójimo como a nosotros mismos" (Ro 13.9) es ciertamente vital para nuestra actual relación con el Padre celestial».[7]

 ## FE VIVA

Observe los cuatro aspectos indicados en la «Información adicional» anterior. Anote cómo cada uno de ellos pueden aplicarse dentro de las relaciones familiares.

1. Hablar misericordiosamente

2. No esparcir rumores

3. No lastimar en ninguna manera

4. No acusar, abochornar, desacreditar ni avergonzar.

Primera de Corintios nos da una lista incluso más detallada de lo que deben ser las acciones y respuestas del amor. Busque 1 Corintios 13.4-8 y anote las dieciséis acciones del amor que Pablo menciona y su significado. Ejemplo: «todo lo cree» (v. 7); el amor siempre cree lo mejor.

Explique con sus palabras el significado de los versículos 1-3, y la necesidad de tener una actitud de amor respaldada por nuestras acciones.

Los versículos 9-12 nos explican que vivimos en una época imperfecta donde las cosas de Dios sólo se nos han revelado en parte. Pero cuando lleguemos a la eternidad, veremos claramente y lo conoceremos todo. ¿Cuáles tres virtudes el Señor nos ha dado para que naveguemos aquí en la tierra? (Véase el v. 13.)

¿Cuál de estas es la mayor? ¿Por qué piensa que es la mayor?

INFORMACIÓN ADICIONAL

Las virtudes de la fe, la esperanza y el amor son necesarias en estos tiempos; pero en el tiempo por venir, la fe será reemplazada por la vista (2 Co 5.7) y la esperanza se convertirá en experiencia (Ro 8.24). Sólo el amor es eterno, porque Dios es amor (1 Jn 4.8).[8]

El hecho de que Dios es amor se convierte en un principio del Reino que se halla en el corazón de nuestras relaciones.

INFORMACIÓN ADICIONAL

«Jesucristo formuló un importante principio, el cual debe ser adoptado por toda sociedad: la ley de la reciprocidad. Utilizó el término "ley" porque se trata de una norma universal: "Todas las cosas que queráis que los hombres hagan con vosotros, así también haced vosotros con ellos" (Mt 7.12). ¡Qué profundos efectos se derivarían de esta "regla de oro" si ella se aplicara a todos los niveles en el mundo de hoy!

»Si no te gusta que tu vecino robe tus cosas, no tomes tú las de él. No quisieras ser atropellado por un chofer negligente, no manejes descuidadamente. Anhelas recibir ayuda en momentos de necesidad, auxilia a otros cuando lo necesiten. No nos agrada que la gente de la industria contamine el curso superior del río que nos pasa por delante, no lo hagamos nosotros a quienes viven corriente abajo. No queremos respirar aire lleno de toxinas, no hagamos sufrir a otros con ese inconveniente. En nuestro centro de trabajo, no aceptamos ser oprimidos, así que no oprimamos a nuestros empleados. Si se aplicase esta ley del Reino no serían necesarios los ejércitos, la policías ni las prisiones; los problemas se resolverían pacíficamente, las cargas públicas se reducirían y se liberaría la energía de todos. "Haz con otros como quieres que los demás hagan contigo", llevado a la práctica, revolucionaría la sociedad. Este es el principio del Reino que debe regir todas nuestras relaciones sociales».[9]

Lea los siguientes versículos para ver qué promete el Señor hacer en nuestras relaciones, ¡incluso en la nuestra con Él!

Malaquías 4.6

Juan 13.35

Romanos 8.15

Romanos 12.9

Gálatas 4.6

Judas 20,21

Ahora busque 2 Pedro 1.5-8 para ver los pasos que debemos dar para lograr que el amor nazca en nuestras vidas. Llene los espacios en blanco para ver cómo progresamos y crecemos en las cosas del Señor.

Comience con:

añada a eso:

añada a eso:

añada a eso:

añada a eso:

añada a eso:

añada a eso:

el resultado final será:

 ## INFORMACIÓN ADICIONAL

Pedro nos da una relación ascendente de virtudes cristianas que, una vez establecidas en nuestras vidas, hará que demos frutos en el verdadero conocimiento de Dios. La vida que viene del conocimiento de Dios sólo puede traer el bien a los demás. Fracasar en la decisión de crecer en Cristo trae consigo la incapacidad para percibir las bendiciones recibidas con la conversión, a tal punto que se olvida o ignora nuestra identificación con Jesús.

Reconoce que una vida eficaz y productiva es resultado de la santificación (transformación del carácter) que comienza con la fe y da frutos en amor.[10]

1. «Dinámica del Reino: La prioridad y trayectoria del amor fraternal, *Biblia Plenitud*, p. 1370.

2. «Riqueza literaria: 13.1 *amor fraternal*», *Ibid.*, p. 1639.

3. «Riqueza literaria: 21.15 *amas*», *Ibid.*, p. 1379.

4. «Riqueza literaria: 5.5 *amor*», *Ibid.*, p. 1454.

5. «Dinámica del Reino: Amor: La prueba del discipulado», *Ibid.*, p. 1367.

6. «Verdad en acción a través de 1 Juan», #1, *Ibid.*, p. 1685.

7. «Dinámica del Reino: Para acercarte a Dios, ama a los demás», *Ibid.*, pp. 654-655.

8. *Ibid.*, en nota a 1 Corintios 13.13, p. 1497.

9. «Respuestas espirituales a preguntas difíciles», #33, *Ibid.*, pp. 1754-55.

10. «Verdad en acción a través de 2 Pedro», #2, *Ibid.*, p. 1663.

Lección 11/Perdón: Amor en acción

Hemos obtenido nuestra salvación a través del abundante amor de Dios y su misericordioso perdón. Es la base de nuestra relación con Él y, por consiguiente, no debe ser sorpresa que sea la base de nuestra relación con los que nos rodean.

Miremos algunas cosas que Jesús tenía que decir respecto al perdón. Al leer estos versículos piense cuáles son las implicaciones para nosotros: 1) en nuestro perdón recibido del Padre, y 2) en nuestro perdón otorgado a los que nos rodean. Anote sus observaciones.

Mateo 6.12-15

Mateo 9.2-6

Mateo 18.21-22

Marcos 11.25-26

Lucas 6.37

Lucas 7.47

Lucas 17.3,4

El Evangelio de Juan no usa específicamente la palabra «perdón», sin embargo, vemos en la práctica la misma actitud perdonadora en el ministerio de Jesús cuando Él hablaba con los individuos. Observe los siguientes episodios y anote cuál fue la actitud de Jesús hacia estas personas y cómo les ministró el perdón.

3.1-21 (nótense los vv. 16-17)

4.5-26

5.1-15

8.3-12

INFORMACIÓN ADICIONAL

«Uno de los mayores énfasis en las enseñanzas de Jesús es cómo construir y mantener correctas relaciones con Dios y con la humanidad. El Señor ve estas relaciones, no como algo sin importancia o superficial, sino como la esencia de la cual está hecha la vida. Conocer a Dios es nuestra máxima prioridad, pero el procurarlo no debe reemplazar ni disminuir nuestras relaciones interpersonales con los demás. Por el contrario, nuestra interacción personal con Dios debe hacer surgir en nosotros las cualidades de carácter que edifican y sostienen todas nuestras relaciones.

»Practica la reconciliación. Comprende que los conflictos causan mucho más daño cuando se dejan sin resolver. Comprende que Dios perdona nuestros pecados como nosotros perdonamos a quienes nos ofenden. Incorpora el perdón de los demás a tus oraciones diarias como un ejercicio de disciplina cotidiana. Corrige tus faltas y resuelve tus propios problemas antes de intentar corregir las faltas de otros. Deja que cualquier actitud de juzgar a otros te señale la necesidad de examinarte a ti mismo por cosas que te molestan en los demás».[1]

Cuando el perdón se practica dentro de la unidad familiar, va en todas direcciones: de padre a hijo, de hijo a padre, de cónyuge a cónyuge. Y es nuestra actitud hacia Dios la que a fin de cuentas determina nuestras actitudes del uno hacia el otro. Si en realidad reconocemos cómo nuestra gran salvación y el perdón de Dios son motivos de gratitud al Padre, no podemos hacer menos que dar el mismo perdón y grandeza de corazón a quienes nos rodean.

INFORMACIÓN ADICIONAL

Nuestras actitudes hacia nuestro cónyuge son determinadas por nuestras actitudes hacia Dios. Un marido puede quedarse corto en relación con las expectaciones de su esposa y del ideal de Dios para un esposo. No obstante, la mujer busca de todas las maneras posibles ser una buena esposa, tomando como ejemplo a Cristo, quien obedeció a su Padre y confió en Él, aun cuando su propio pueblo lo rechazó (Jn 1.11). O, una esposa puede frustrar a su esposo, desconocer su autoridad, o aun faltarle el respeto. No obstante ello, el esposo la honra, la cuida y ora a favor de ella, siguiendo el ejemplo de la conducta del Padre, quien «conoce nuestra condición» (Sal 103.14).[2]

FE VIVA

¿Hay aspectos donde su cónyuge o algún hijo le ha decepcionado? ¿Cuáles son?

¿Ha permitido que algunas de estas decepciones se conviertan en amargura y falta de perdón en su alma? ¿Cómo le ha afectado en su conducta hacia esa persona?

¿Ha afectado su relación con el Señor esa falta de perdón que alberga?

Basado en los pasajes bíblicos que hemos visto hasta aquí, ¿qué le llama el Señor a hacer con estas desilusiones?

¿En su corazón?

¿En sus acciones?

¿En su relación con Él?

INFORMACIÓN ADICIONAL

[En Mateo 18.18-35] las palabras preliminares de Jesús hacen especialmente crucial esta parábola del «reino» acerca del siervo que no perdonó. Se ofrece una juiciosa advertencia contra la tendencia humana de olvidar el don de la gracia de Dios de perdonar y contra la inclinación del alma de cultivar una actitud reacia al perdón. 1) Jesús demostró cómo la actitud de no perdonar puede limitar lo que Dios haría en otros. (Nótese: El consiervo encarcelado está todavía en prisión al final de la historia, lo cual revela cómo una actitud intransigente puede «atar» a una persona a circunstancias indeseables y perpetuar un problema.) 2) Jesús enseña cómo el espíritu de no perdonar (los torturadores, literalmente «cobradores de impuestos») exige un precio a nuestros cuerpos, mentes y emociones. Finalmente, toda persona del «reino» es aconsejada a mantener un corazón perdonador hacia todas las otras personas. Los privilegios del reino y el poder no deben ser mal manejados. El no perdonar es potencialmente peligroso para cualquiera de nosotros.

Con frecuencia se cita a Mateo 18.18 para aseverar la autoridad del creyente en la oración. Pero el poder de «atar y desatar» se revela de inmediato como algo de mucho riesgo, si la intransigencia a la hora de perdonar se mantiene entre la gente del reino.[3]

FE VIVA

Ya hemos examinado las palabras de Jesús sobre el perdón, y Él aclara que tenemos una responsabilidad de perdonarnos los unos a los otros, aunque sólo sea para que el Padre nos perdone. A la luz de la «Dinámica del Reino» anterior, responda las siguientes preguntas:

¿Cómo la falta de perdón «ata» a la persona no perdonada?

¿Cómo puede «atarlo» a usted?

Señale ante el Señor cualquier área conocida de falta de perdón y la esclavitud resultante. Pídale que le libere y que en su corazón crezca el amor y el perdón hacia quienes le han ofendido.

A veces, todos hemos considerado la cuestión del perdón y pensado: *Es más fácil decir que hacer.* Otras veces hemos pensado: *Pero usted no sabe lo que me hicieron. Me hirieron muy profundamente.* Algunas veces el perdón viene fácil y en otras demora semanas sentir que hemos perdonado por completo a alguien. Pero el Señor nunca nos permite usar el tiempo, la ofensa, ni la dificultad para evitar perdonar a alguien. Dios nos llama a mantener nuestros corazones libres y limpios ante Él. Nuestra verdadera responsabilidad es entre Él y nosotros; y de aquí brota nuestra responsabilidad hacia otros. De este modo, el perdón llega a ser un acto de fe. Perdonamos debido a que hemos sido perdonados y a que creemos que mediante el perdón a la larga vendrá la libertad.

Tal vez no hay relaciones más difíciles y exigentes en las cuales mantener una atmósfera libre y perdonadora que en nuestras familias. Somos más proclives a ofender, lastimar y enfurecernos con quienes pasamos más tiempo y tenemos más intimidad, tanto relacional como físicamente. ¡Pero el perdón puede obrar maravillas en las familias!

 ## INFORMACIÓN ADICIONAL

Por medio de la trágica historia de Oseas y Gomer Dios nos revela *tanto* la profundidad como el poder 1) de su amor por Israel; y 2) del vínculo marital. Dios describe su dolor y la humillación que sufre debido a la infidelidad de Israel. En obediencia a Dios, Oseas padece el mismo dolor y humillación por la infidelidad de su esposa. Pero Dios muestra cómo puede salvarse el matrimonio: mediante el *sufrimiento* y el *perdón*.

Esta es una de las más profundas revelaciones acerca del matrimonio que podamos encontrar en lugar alguno de la Escritura. El matrimonio exitoso no es asunto de gente perfecta, que vive perfectamente, mediante principios perfectos. El matrimonio es más bien un estado en que gente muy imperfecta se hiere y humilla a menudo, pero encuentran la gracia para perdonarse el uno al otro, y permitir así que el poder redentor de Dios transforme su matrimonio.[4]

FE VIVA

¿Puede pensar en alguna situación donde un acto amoroso de perdón aclaró las dudas y sanó una relación? ¿A esta circunstancia le precedió un sufrimiento emocional semejante al que sintió Oseas?

Mucho se ha dicho en nuestra sociedad de hoy acerca de que nadie debe mantener una relación (como la de Oseas) que le ocasiona algún tipo de sufrimiento emocional. ¿Qué piensa usted al respecto?

¿Cree que Dios sufrió emocionalmente por nuestro estado sin perdón cuando nos descarriamos y alejamos de Él?

¿Cómo debería la actitud de Dios hacia nosotros antes de ser perdonados afectar la nuestra hacia los que nos han lastimado?

INFORMACIÓN ADICIONAL

Se ha dicho que la mayor enseñanza sobre la familia es, sencillamente, una aplicación de lo que significa vivir como cristiano. Estos versículos en Romanos [15.5-7] están dirigidos a la comunidad cristiana en general; sin embargo, con frecuencia se los usa como pasaje bíblico para ser leído en el casamiento, por cuanto estos versículos presentan una descripción bella y apropiada del matrimonio cristiano.

La palabra clave es «recibíos» (griego *proslambano*), la cual significa «tomar para sí mismo». Su raíz indica que hacia nosotros se dirige una fuerte iniciativa que en Cristo, Dios vino literalmente a nosotros y *se posesionó de nosotros* «siendo aún pecadores» (5.8). Mediante ese acto de aceptación, Él puso a nuestra disposición la gracia de Dios y el poder de la redención.

Cuando a ese poder se le permite trabajar en una familia,

transforma las vidas de dos personas imperfectas en una sola vida, la cual será para la alabanza de la gloria de Dios. Por ello, el Señor coloca esta palabra como un emblema sobre todo matrimonio, desde el primer día hasta el último. «Recibíos los unos a los otros, como también Cristo nos recibió, para gloria de Dios».[5]

Hay ocasiones cuando ni siquiera encontraríamos la necesidad de perdonar ni pedir perdón si dedicáramos un poquito más de tiempo, energía, cortesía y esfuerzo para mantener buenas relaciones con los seres más cercanos a nosotros. A menudo nos aprovechamos de quienes más vemos, pensando que podemos «quitarnos la máscara» ante ellos y dejarles que vean nuestro «lado malo». Recuerdo un momento particularmente bochornoso con mi esposo cuando, en medio de una disputa, le dije: «No tengo que portarme bien contigo. ¡Tú eres mi esposo!» Por desgracia, así es exactamente cómo muchos tratan siempre a sus familias. Pero las relaciones familiares, como todas, requieren nuestro esfuerzo.

¿Puede pensar en algunas situaciones en las cuales podría haber evitado lastimar sentimientos a los miembros de su familia si hubiera usado un poco de cortesía y sabiduría?

¿Qué podría haber hecho diferente?

¿Cuáles consideraría que son las tres cosas más importantes que debemos recordar al relacionarnos con nuestras familias, a fin de evitar malos entendidos y lastimar sentimientos?

Probablemente ¡lo que en más problemas nos mete es lo que decimos!

INFORMACIÓN ADICIONAL

«Muchos pecados tienen que ver de alguna forma con la maledicencia. La disciplina y las decisiones correctas dan como fruto la sana conversación. Muy fácilmente hablamos demasiado, con mucha dureza y libertad. Hablar menos y más cuidadosamente traerá como resultado una disminución del pecado.

»Habla sólo lo recto. Comprométete a hablar de las cosas de Dios. No te quejes cuando estés en dificultades o problemas. Clama a Dios. Confía en que el Señor te escuchará y responderá. Sé cuidadoso con tus palabras. Conoce que la recta conversación traer consigo la promesa de una larga vida».[6]

⬧ INFORMACIÓN ADICIONAL

«Una forma apropiada de expresarse es crucial en la vida cristiana. El libro de los Proverbios dice que la vida y la muerte dependen de la lengua. Qué importante es que nos demos cuenta que nuestro lenguaje debe estar espiritualmente inspirado.

»Ten cuidado de cómo hablas y de los que dices. Rechaza las falsas actitudes; y desarrolla una actitud compasiva y misericordiosa hacia los demás. Evita y rechaza *cualquier* impureza o lenguaje o conducta impura; ello contradice tu profesión de fe en Cristo».[7]

¡Refrene su lengua! Al principio, vigilar cada palabra puede ser molesto, pero servirá para el progreso de la justicia. «Habla bien de los demás. La crítica ofensiva, la calumnia, el chisme y las murmuraciones son "aguas turbias", que brotan del saber mundano y diabólico».[8]

 FE VIVA

Todos tenemos áreas en las cuales estamos tentados a decir lo que no debiéramos. Para algunos es el chisme; para otros son palabras iracundas. ¿Con cuál área de control de su lengua tiene más problemas?

¿Tiende esto a dirigirse contra los miembros de su familia o contra otros?

¿Ha orado y le ha entregado esta área al Señor? ¿Qué le dijo Él que hiciera?

Anote tres maneras en que podría adquirir un mejor control de lo que dice.

¿Hay algunas personas a las cuales debería pedirles perdón? Si es así, haga planes para hacerlo en los días o semanas siguientes.

Dar y pedir perdón puede ser también una maniobra delicada. Si vamos a la persona dolidos y enfurecidos, lo más probable es que brote nuestro dolor y cólera. Ser capaces de establecer un ambiente que permita que el perdón fluya con libertad es algo que sólo el Señor puede lograr. Y hasta que no vayamos a la otra persona con el poder, perdón y libertad del Espíritu Santo, no seremos capaces de dar ni recibir perdón completamente.

 INFORMACIÓN ADICIONAL

La historia de José es un antiguo relato que ilustra la actitud misericordiosa que Dios espera asumamos en nuestro trato con aquellos que nos han agraviado. Se trata de un ejemplo del amor que mostró Cristo. Pese a que los hermanos de José le vendieron como esclavo y engañaron a su padre para que lo creyera muerto, cuando este los confrontó durante su tiempo de necesidad, su amor y perdón se pusieron de manifiesto. Demostrando una extraordinaria fe en la poderosa providencia divina, José confiesa su creencia en que Dios usó la traición de sus hermanos como medio para liberar a su familia durante el tiempo de hambruna (v. 7). El perdón de José al pecado de sus hermanos es tan completo que los besa y llora de gozo al reunirse con ellos una vez más. El perdón fraternal es expresivo, altruista y se ofrece de tal manera que ayuda al beneficiado.[9]

FE VIVA

Usted ha planeado ir a ver y pedirle perdón a otra persona. Ahora es tiempo de preguntarle al Señor cuándo exactamente debe ir, lo que debe decir. Pídale que llene su corazón con verdadero arrepentimiento y que prepare el corazón de la otra persona para recibir lo que usted tiene que decir. Deténgase y pídale al Señor que empiece su obra ahora mismo.

Finalmente, para mantener relaciones, debemos darnos cuenta de que nunca tenemos el derecho de privarle a otro del perdón. Nuestro Padre celestial jamás lo hace y llama a sus hijos a que crezcan continuamente llegando a ser como Él.

INFORMACIÓN ADICIONAL

Esta crucial sentencia está dirigida a cambiar la vida en ambos términos de la ecuación: 1) en nuestra *recepción* del amor divino y su misericordioso perdón y 2) en nuestro *reciprocar* el perdón tal y como lo recibimos. Las virtudes de la bondad y el perdón son atributos engendrados por nuestro Padre celestial, y deben hallarse en nuestras vidas. Dios espera que seamos como Él, es decir, que estemos prestos a perdonar las transgresiones de nuestro prójimo con la abundante misericordia que nos ha mostrado. «Grande» viene del hebreo *rab*, que significa «abundantemente, con exceso». Dios no quiere que racionemos nuestra misericordia y nuestro perdón. Está buscando gente que reparta misericordia y perdón ilimitadamente.[10]

1. «Verdad en acción a través de los Evangelios Sinópticos», #6, *Biblia Plenitud*, p. 1336.

2. «Dinámica del Reino: Las actitudes hacia Dios determinan las actitudes hacia el cónyuge», *Ibid.*, p. 1662.

3. «Dinámica del Reino: Perdón», *Ibid.*, p. 1220.

4. «Dinámica del Reino: El perdón puede salvar y transformar un matrimonio», *Ibid.*, p. 1060.

5. «Dinámica del Reino: La aceptación mutua es el camino que conduce a la unidad», *Ibid.*, p. 1471.

6. «Verdad en acción a través de los Salmos», #7, *Ibid.*, p. 679.

7. «Verdad en acción a través de Efesios», #4, *Ibid.*, p. 1553.

8. «Verdad en acción a través de Santiago», #4, *Ibid.*, p. 1653.

9. «Dinámica del Reino: El amor acepta a los que nos han agraviado», *Ibid.*, pp. 63-64.

10. «Dinámica del Reino: Generosamente perdonados, para perdonar con generosidad», *Ibid.*, p. 710.

Lección 12/*El sexo es idea de Dios*

No hay mayor confusión en nuestro mundo actual que en torno a todo lo relacionado con nuestra sexualidad como seres hechos a imagen de Dios. El gozo y el poder de la relación sexual dentro del matrimonio ofrece una riqueza ilimitada a una pareja en su unión. A Dios no le sorprende que el sexo sea una fuerza tan fuerte y obligatoria en la experiencia humana. La maravilla creadora del genio de Dios, no sólo le dio al hombre la capacidad de conservar la especie, sino de usar nuestra sexualidad para dar gozo y profundizar la relación humana más íntima y deseable: la que existe entre esposo y esposa. El mismo poder dinámico del sexo en su capacidad de dar cumplimiento a la relación matrimonial de acuerdo al orden de Dios sirve exactamente para destruir el matrimonio y la familia cuando de manera desobediente se le da rienda suelta fuera del vínculo matrimonial. Usando las Escrituras como nuestra guía examinaremos el orden de Dios respecto a nuestra sexualidad. La comprensión de esta debe empezar con su creación en el huerto del Edén.

Lea Génesis 1.26-28. ¿Con qué propósito Dios colocó al hombre en el planeta?

Con respecto al género, ¿quién lleva la imagen de Dios?

Puesto que varón y hembra llevan la imagen de Dios, ¿cómo influye eso en la comprensión de Dios de nuestras necesidades humanas como hombres y mujeres?

¿Cuál fue el primer mandamiento de Dios a la primera pareja en Génesis 1.28?

¿Ha anulado Dios este mandamiento en alguna parte de la Biblia?

¿Qué revela el mismo acerca del propósito básico y la responsabilidad de la sexualidad humana?

Ahora lea Génesis 2.7-25. ¿Cuáles son las dos razones que se dan en el versículo 18 para la creación de la mujer?

¿Por qué Dios creó un compañerismo entre un hombre y una mujer?

Génesis 2.25 revela una actitud acerca del cuerpo humano. ¿Cómo respondieron el hombre y la mujer a la desnudez de cada uno y de su compañero?

¿Piensa que Dios tiene la misma actitud hacia el cuerpo humano?

Lea Génesis 3.7. ¿Cuándo llegaron el hombre y la mujer a estar conscientes de su desnudez?

¿Qué motivó esta respuesta?

¿Fue esta turbación parte de la creación original de Dios?

Con la entrada del pecado en la experiencia humana se produjo una ruptura en la intimidad y la autoconciencia de la diferencia sexual entre el varón y la mujer. ¿Cómo continúa el pecado erosionando las relaciones íntimas entre los cónyuges incluso en la actualidad?

Algunos han enseñado, erróneamente, que el pecado del hombre y la mujer está relacionado con el descubrimiento de su intimidad sexual. ¿Cuál pecado trajo destrucción al mundo?

¿Piensa que la cuestión fue comer de una fruta o algo mayor? Explique su respuesta.

LA BENDICIÓN DEL SEXO EN EL MATRIMONIO

La Biblia es abiertamente cándida respecto a las alegrías de la intimidad sexual entre un esposo y su esposa. En Cantar de los cantares "amor" es la palabra clave en el libro. Este amor, que aparece como un deseo apasionado entre un hombre y una mujer, el rey Salomón y la sulamita, celebra el potencial de gozo que encierra el matrimonio a la luz de los principios del pacto con Dios. La base de todo amor humano debe ser el amor que inspira el pacto divino, la más grande metáfora de la Biblia. Este pacto de amor constituye también la base de la relación entre Dios y el hombre. Por lo tanto, el libro se aplica tanto al matrimonio como a la historia del pacto divino. De ahí que la sulamita personifique a la mujer en un matrimonio ideal, y al pueblo del pacto y su historia en la tierra prometida, bajo las bendiciones del amor salomónico».[1]

Un examen de este libro de la Biblia pone un tono liberador y de plenitud en la relación sexual entre esposo y esposa. Lea Cantar de los cantares. En su lectura, ¿qué actitudes mutuas descubre entre este esposo y su esposa?

¿Percibe alguna vergüenza dentro de la pareja en su intimidad?

¿Cuál fue la respuesta de la pareja hacia los atributos físicos de su cónyuge?

¿Piensa que estas actitudes hacia los aspectos físicos de la relación matrimonial son adecuados y están de acuerdo con una vida santa? Sí o no, ¿por qué?

¿Piensa que Dios se agrada con la franqueza mutua de esta pareja? Sí o no, ¿por qué?

¿Cómo ve la novia de Salomón la aproximación de su boda? (Véase 3.6-11.)

Obviamente, hay una considerable atracción física entre esta pareja. ¿Qué significado cree que tiene el versículo 10 al decir: «su interior recamado de amor»?

¿Puede la atracción sexual separarse del amor y ser todavía saludable dentro del matrimonio?

Cantar de los cantares de Salomón ofrece considerable instrucción para las parejas casadas y para las que se preparan para el matrimonio. Hay varios principios relacionados a una vida familiar saludable que deben observarse para que haya una bendición continua en el matrimonio.

Instrucción uno: Haga un compromiso inquebrantable a su matrimonio.

¿Cuál es el «sello sobre tu corazón» en 8.6?

En 8.7 se describe un gran sacrificio de amor. ¿Cuál es?

Instrucción dos: Las relaciones conyugales saludables se logran en la pureza moral.

Lea 1.2-4. ¿Es apropiado el deseo sexual por su cónyuge? ¿Viola esto la pureza moral bíblica? Explique su respuesta.

Lea 2.7; 3.5; 8.4. Estos tres versículos usan la frase «no despertéis ni hagáis velar el amor, hasta que quiera». ¿Qué cree que significa?

¿Podrían estas frases referirse a las relaciones sexuales antes del matrimonio?

Instrucción tres: Los cónyuges deben aceptarse mutuamente sin necesidad de cambiar el uno al otro.

Lea los versículos 1.15—2.1. ¿Qué muestra esto respecto a la aceptación propia y a la de su cónyuge?

¿Qué dice 2.6 respecto a la aprobación mutua?

Instrucción cuatro: Dése tiempo para considerar los problemas y desafíos que enfrenta cada pareja.

¿Son inevitables los «agujeros en la peña» y «lo escondido de escarpados parajes», mencionados en 2.14, incluso en un buen matrimonio?

¿Qué representan en la vida de esta pareja las «zorras pequeñas» mencionadas en 2.15?

Instrucción cinco: Aprenda a comunicarle a su cónyuge sus sentimientos franca y honestamente.

Es obvio que Salomón se deleitaba con su esposa (4.8-15). ¿A cuántas cosas diferentes se refiere Salomón específicamente al describir sus sentimientos hacia la sulamita?

¿Se las dijo directamente a ella?

¿Son físicas todas las cosas que Salomón describe en este pasaje?

¿Qué respondió la sulamita a su esposo en 4.16?

¿Piensa que esta clase de conversación franca e íntima fortalece un matrimonio? Sí o no, ¿por qué?

En el Nuevo Testamento se dan pautas para las parejas casadas y respecto a la relación sexual. Lea 1 Corintios 7.2-5 y responda a las preguntas siguientes.

¿Qué significa «el deber conyugal» en el versículo 3?

¿Por qué el apóstol dice en el versículo 4 que una persona no tiene «potestad sobre su propio cuerpo»?

¿Quién posee esta autoridad?

LA NECESIDAD DE EDUCAR A NUESTROS HIJOS

Otro aspecto crucial en el desarrollo de una relación sexual saludable en el matrimonio se vincula directamente a cómo se educa y prepara una persona para comprender dicha relación. El papel de los padres estableciendo normas, comunicando bendición y deberes de nuestra vida sexual y ayudando a los hijos a desarrollar actitudes saludables hacia el sexo es responsabilidad de los padres. Demasiado a menudo la manera en que se educan a los niños respecto a las cuestiones sexuales es o bien mediante experiencias con sus amigos, autodescubrimiento o algún tipo de currículo de educación sexual desprovisto de valores enseñado en las escuelas.

Cada padre debe ser para sus hijos la fuente principal de información acerca del sexo. Es inevitable en nuestro mundo proteger a nuestros hijos de otras fuentes de información sexual. Sin embargo, el papel de los padres determinará los valores de los niños y les proveerá el acceso a la fuente más confiable y completa de información acerca del sexo. Dondequiera que el padre rechace su papel ya sea por penoso o inapropiado, a la larga, alguien más le enseñará al niño acerca del sexo. Entonces serán los valores de esa otra persona los que empezarán a moldear un aspecto crucial del desarrollo relacional del niño, con implicaciones para toda la vida.

Lea Deuteronomio 6.1-9.

¿Qué significa «guardando todos sus estatutos y sus mandamientos» en el versículo 2?

¿Incluye esto la perspectiva divina de la pureza moral?

¿Quiénes son los que deben guardar estos mandamientos en el versículo 2?

Según Deuteronomio 6.7, ¿quién es responsable de enseñar a los niños el camino del Señor?

Hay al menos veinte beneficios mencionados en Deuteronomio 7.12-26 que se deben a la obediencia de los mandamientos del Señor. Anote diez de ellos.

1.   6.

2.   7.

3.   8.

4.   9.

5.   10.

¿Es la pureza sexual uno de los mandamientos que traen bendición?

Puesto que la responsabilidad de enseñar a los niños del sexo les corresponde a los padres, hay una pregunta sobre qué debe enseñarse a los niños y a qué edad. Las cinco reglas siguientes son básicas para hablar a nuestros niños acerca del sexo.

Regla uno: Responda siempre a la pregunta directa que su hijo formula acerca de la anatomía y de la relación sexual. Estas respuestas deben ser apropiadas para la edad del niño. A los niños pequeños se les debe responder con el mínimo de información que satisfaga su pregunta. Si están listos para recibir mayor información, la preguntarán. Ofrecer voluntariamente más información de la pedida, sólo logrará confundirlo o perturbarlo con conocimiento que no está listo intelectual o emocionalmente para procesar.

Regla dos: Conteste siempre la verdad. Al responder a las preguntas sobre la sexualidad, el nacimiento de los niños y la relación entre cónyuges con evasivas, sólo les comunica su propia inseguridad acerca del sexo. También demuestra falta de voluntad para responder a preguntas tan delicadas, quizás llevando al niño a buscar a otros que les respondan con más franqueza.

Regla tres: Haga una detallada presentación a sus hijos respecto a los hechos de la vida antes de que reciban esta información de sus compañeros, cursos de educación sexual en la escuela, etc. Los padres tienen el enorme privilegio de ser para sus hijos la autoridad más confiable respecto a las relaciones sexuales. Cuando los hijos llegan a la adolescencia, la franqueza y la honestidad abre el camino para un intercambio saludable de información, actitudes, valores y conducta.

Regla cuatro: Cuando sus hijos lleguen a la adolescencia, comuníqueles el gozo y la responsabilidad que Dios ha dado en cuanto a la relación sexual dentro del matrimonio. Cualquier instrucción de la mecánica de la función sexual debe acoplarse directamente con la responsabilidad de dirigir nuestras vidas de acuerdo a los principios que Dios nos ha dado.

Regla cinco: Haga un pacto con sus hijos de mantener la pureza sexual antes del matrimonio. Saber que papá y mamá son compañeros de oración dispuestos y comprensivos mientras atraviesan los años desafiantes de la adolescencia les dará una fuente de dirección y fortaleza a los jóvenes que avanzan por las aguas de un mundo sexualmente promiscuo y perverso.

OBEDIENCIA A LAS LEYES SEXUALES DIVINAS

La Biblia es específica respecto a nuestra conducta sexual. Muchas veces Dios nos advierte acerca de las consecuencias de la actividad sexual fuera de la relación santificada del matrimonio. Sin embargo, la norma del mundo para la actividad sexual es característicamente diferente. En esta sección estudiaremos algunos aspectos específicos de la ley de Dios respecto a la actividad sexual.

Adulterio y fornicación

Lea Juan 8.1-12. ¿Qué es el pecado de adulterio?

RIQUEZA LITERARIA

Adulterio, *moicheia*; Strong #3430: Relación sexual ilegal, conexión ilícita con una persona casada, infidelidad marital. *Moicheia* es incompatible con las leyes armónicas de la vida familiar en el reino de Dios; y como viola el propósito divino en el matrimonio, el adulterio está bajo el juicio de Dios.[2]

¿Cuál es el castigo por este pecado según el versículo 5? (Véase también Levítico 20.10.)

¿Fue la condena en Levítico 20.10 sólo para la mujer?

Puesto que se sorprendió a la mujer «en el acto mismo de adulterio» (8.4), ¿por qué no trajeron también su consorte ante Jesús?

¿Estaban los que «sorprendieron» a la mujer interesados en la justicia en este caso?

¿Cómo respondió Jesús a la adúltera según los versículos 11 y 12?

¿A quiénes incluye Pablo en la lista de «injustos [que] no heredarán el reino de Dios» en 1 Corintios 6.9?

¿Qué es un «fornicario» en 1 Corintios 6.9?

RIQUEZA LITERARIA

Fornicaciones, *porneia*; Strong #4202: Compare «pornografía», «pornográfico». Relación sexual ilícita; incluye también prostitución, ramera, incesto, disolución, adulterio e inmoralidad habitual. La palabra describe a ambas: inmoralidad física e inmoralidad espiritual, lo cual significa idolatría (Ap 2.21; 14.8; 17.2).[3]

INFORMACIÓN ADICIONAL

Las relaciones sexuales entre una persona casada y alguien que no es su compañero constituye adulterio.

Los Diez Mandamientos contienen la prohibición del adulterio: «No cometerás adulterio» (Éx 20.14). La razón es simple: el matrimonio constituye el fundamento de la sociedad y viene acompañado de la responsabilidad de criar a los hijos. Las relaciones extramatrimoniales fortuitas no sólo ponen en peligro el matrimonio, sino destruyen los sentimientos paternales y maternales por los hijos, y opacan los vínculos familiares.

La fornicación es sexo entre dos personas que no están casadas. El apóstol Pablo dijo que ello constituye un pecado contra el cuerpo. Recomienda a los cristianos huir de la fornicación como en pecado contra Dios y nosotros mismos, porque el cuerpo de los creyentes es templo del Espíritu Santo (1 Co. 6.18,19). Pablo dice que si un creyente une su cuerpo al de una ramera (o alguien inmoral) está uniendo a Jesucristo con esa persona (1 Co 6.15,16).

Es muy importante saber que ni los fornicarios ni los adúlteros entrarán en el Reino de los cielos (1 Co 6.9, 10). En el mundo de hoy, el término *fornicación* se usa raramente y las inmoralidades de las personas no casadas son comúnmente aceptadas como parte del estilo moderno de vida. Pero la inmoralidad, aunque algo corriente, es un pecado que privará a millones de la salvación, a menos que se arrepientan.[4]

En 1 Corintios 6.13-20, ¿por qué el apóstol Pablo es tan contundente respecto a la pureza sexual para el pueblo de Dios?

¿Qué se les instruye a las personas tentadas por la inmoralidad en el versículo 18?

En el versículo 20 se nos enseña a glorificar a Dios. ¿Cómo?

Lea Mateo 5.27-30. En el versículo 28 Jesús redefine el adulterio. ¿Cómo?

Jesús nos enseña que el adulterio empieza en el corazón debido a nuestros deseos. También usa la metáfora de sacarnos un ojo o cortarnos una mano para detener tal lujuria. ¿Qué destaca el Señor mediante tales ilustraciones?

 INFORMACIÓN ADICIONAL

Jesús no se limita a condenar el adulterio, sino que alerta contra los pensamientos adúlteros. El Señor demanda un control total sobre los miembros del cuerpo. No prescribe la automutilación, sino una rígida abnegación moral.[5]

Homosexualidad

Lea Romanos 1.18-32. En los versículos 26 y 27 se describe el pecado de la homosexualidad con cuatro términos diferentes, ¿cuáles son?

1.   3.

2.   4.

La decisión de violar la norma divina respecto a la obediencia sexual se describe al inicio del versículo 21. ¿Cuáles dos cosas hace la gente en este versículo para rechazar a Dios?

¿Qué dice la Biblia en el versículo 32 respecto a los que practican los actos mencionados en este pasaje? (Véase también Lv 20.13.)

Romanos 1.32 describe el juicio no sólo para los que practican tales maldades, sino también para los que «se complacen con los que las practican». ¿Por qué es así?

Incesto y maltrato sexual

Lea Levítico 18 y 20. Al leer estas leyes específicas respecto a la pureza sexual dentro de las relaciones familiares, es claro que la única relación sexual que Dios aprueba es entre esposo y esposa. Mucho daño se ha hecho a través de los siglos debido al incesto lleno de lujuria e inspirado por los demonios. Destruye la confianza en la familia. Las vidas devastadas han traído mucho dolor como resultado de los que han violado el orden de Dios en la familia. ¿Por qué Dios es tan específico acerca de la pureza de las relaciones sexuales dentro de la familia?

¿Qué dice la Biblia respecto a la lascivia de un miembro de la familia sin producirse el resultado físico del adulterio?

Job 31.1

Proverbios 6.25

Mateo 5.28

Santiago 1.14-16

Dominio propio y masturbación

Hay alguna controversia en la iglesia respecto a la conveniencia de la masturbación de la persona soltera. Claramente la masturbación niega la debida consideración de un cónyuge hacia el otro en el matrimonio y, por consiguiente, no es apropiada. Sin embargo, para la persona soltera hay varias consideraciones que se deben considerar en torno a este asunto.

¿Cuáles dos cosas dice 1 Juan 2.16 respecto a «los deseos de la carne, los deseos de los ojos, y la vanagloria de la vida?»

Primera de Juan 2.17 declara que los deseos del mundo son:

Según el versículo 17, ¿quién permanecerá para siempre?

Lea Efesios 4.17-24. En el versículo 17 se nos dice que no andemos como andan el resto de los gentiles. Hay siete cosas que caracterizan esa forma de andar. ¿Cuáles son?

1.   5.

2.   6.

3.   7.

4.

El versículo 19 describe una actitud terca hacia el sexo y la perversión. Pablo usa una frase y tres palabras para caracterizar esta conducta; anótelas.

1.   3.

2.   4.

¿Es posible la masturbación sin lujuria o abre la puerta a la misma?

Lea Gálatas 5.16-26. ¿Cómo se relaciona el dominio propio, en el versículo 23, a la vida sexual del creyente sin casar?

¿Cómo es posible esta clase de dominio propio de acuerdo a los versículos 16, 24 y 25?

1. Andar _____.

2. Crucificar _____.

3. Vivir _____.

Lea 1 Corintios 7.1,2,8,9. ¿Piensa que el apóstol Pablo comprende las dificultades que las personas solteras encuentran respecto a la pureza sexual?

Lea 1 Corintios 7.8,25-40. ¿Considera que es posible que algunas personas usen su autogratificación para evadir la responsabilidad del matrimonio y de una familia? ¿Cómo piensa que lo hacen?

En este capítulo hemos hablado de algunos asuntos muy delicados, sin embargo, deben considerarse desde la perspectiva bíblica. Al repasar los pasajes bíblicos que ha leído, ¿qué aspectos de su vida el Señor le reta a cambiar? ¿Hay algunos aspectos que debe abandonar o añadir? ¿Cómo afectarán estos cambios su relación con su cónyuge, si es casado?

Al presentar estos aspectos al Señor, pídale que le muestre cómo incorporar estos cambios en su vida y que le dé la fortaleza y la firmeza para vivir de acuerdo a sus mandamientos.

1. «Introducción a Cantar de los cantares: Propósito», *Biblia Plenitud*, p. 815.
2. «Riqueza literaria: 8.3 adulterio», *Ibid.*, p. 1355.
3. «Riqueza literaria: 15.19, fornicaciones», *Ibid.*, p. 1213.
4. «Respuestas espirituales a preguntas difíciles» #18, *Ibid.*, p. 1750.
5. *Ibid.*, en nota a Mateo 5.28-30, p. 1193.

Lección 13/*La vida espiritual de la familia*

Millares de personas enfrentan el matrimonio, la paternidad y el gobierno de sus hogares completamente desconcertados en cuanto a cómo el Reino de Dios puede venir a residir donde están. Se dice que enfrentamos estas situaciones como nuestros padres lo hicieron debido a que son nuestros ejemplos. Esto puede ser una perspectiva atemorizante para muchos cuyos padres los maltrataron física o emocionalmente, abusaban de las drogas o el alcohol, se relacionaban mal o simplemente eran incrédulos. Pero las Escrituras nos revelan que no estamos atados a nuestro pasado.

NUEVA VIDA, NUEVA FAMILIA

Puesto que hemos nacido de nuevo en una nueva familia, ¿quién es nuestro Padre? (Gl 4.6).

Lea Romanos 4.16. ¿A quién se llama nuestro Padre?

Abraham, como muchos de nosotros, enfrentaba una situación en la cual tenía que aprender a vivir un nuevo estilo de vida, separado de una familia incrédula. Lea Génesis 12.1-3 y anote lo que Dios le ordenó, junto con lo que le prometió hacer a través de él.

No sólo Abraham se fue a vivir en un nuevo país y adoptó un estilo de vida novel, ¿qué más cambió drásticamente en su vida?

Génesis 17.5

Génesis 17.10-11

INFORMACIÓN ADICIONAL

Tanto en el Antiguo como en el Nuevo Testamentos se muestra a Abraham como el prototipo de todos aquellos que experimentan el proceso divino de reinstaurar al ser humano mediante la redención, primera y fundamentalmente, en su relación con Dios mediante la fe, no por las obras (Ro 4.1-25). Pero muy raras veces se nota la segunda faceta de la redención. También se muestra a Abraham como un ejemplo dentro del programa divino dirigido a recuperar el reinado humano en la vida (Ro 5.17). Abraham es designado como el «padre» de todos aquellos que andan en su camino de fe (Ro 4.12). Como tal, es el ejemplo escogido por Dios para revelar su plan de restaurar en su día el reino divino en toda la tierra a través del pueblo del pacto. Por medio de Abraham, cuya descendencia Dios desea se convierta en «una gran nación» (que restaure su gobierno) y a quien elige para darle un «gran nombre» (que restaure su autoridad), Dios declara sus planes de procrear muchas criaturas modeladas de acuerdo con este prototípico «padre de la fe». Esta verdad se confirma en Romanos 4.13, donde la designación de Abraham como «heredero del mundo» corresponde a la promesa de Jesús a sus discípulos; quienes se humillen a sí mismos en fe recibirán también el «reino» y «heredarán la tierra» (Mt 5.3-5).[1]

Por medio de la vida de Abraham podemos ver también las maneras muy prácticas en que dirigió espiritualmente a su familia. Lea los siguientes versículos y anote los aspectos de la vida espiritual que Abraham pone en práctica. (El primero ya queda indicado.)

Romanos 4.3   creer a Dios (y su Palabra)

Génesis 14.14-17

Génesis 14.18

Génesis 15.13-21; 18.16-21 (Compárense estos versículos con 1 Co 12.7-11.)

Génesis 18.22-23

Génesis 20.17

Vuelva a la lista anterior. ¿Cuáles de estos aspectos de la vida espiritual piensa que están en la actualidad activos en su vida familia? Al continuar este estudio, note los aspectos donde su familia necesita crecer espiritualmente y empiece a formular un plan de acción.

ADORACIÓN EN LA FAMILIA

Vemos la adoración muchas veces a través de la vida de Abraham, conforme obedecía al Señor, creyó a su Palabra y edificó altares para hacer pactos y ofrecer sacrificios. En muchos aspectos, vivió con un espíritu de adoración. Pero se pone más de manifiesto cuando, por mandamiento del Señor, fue a adorar y preparó a Isaac para ofrecerlo en sacrificio. Al leer este relato, es obvio que Isaac estaba familiarizado con el procedimiento del proceso de adoración.

INFORMACIÓN ADICIONAL

[El Salmo 145.4] destaca la importancia de trasmitir la alabanza a Dios de una generación a otra. La alabanza debe ser enseñada a nuestros hijos. La Biblia nos anima a criar una generación de creyentes que alaban. No debemos meramente «suponer» que los niños crecerán y desearán a Dios. Debemos ser cuidadosos. Lo que poseamos de la bendición y la revelación divinas se puede perder en una generación. Debemos alabar a Dios sistemáticamente, y también enseñar (a través de las palabras y el ejemplo) a nuestros niños a hacerlo para que ellos y sus hijos hagan lo mismo.[2]

Lea Génesis 22.1-14 y anote las lecciones que Isaac quizás aprendió de su padre. ¿Cuál fue la respuesta inmediata de Abraham al Señor cuando recibió esta sorprendente orden? (vv. 1-3).

¿Cómo vemos la obediencia paralela de Isaac en el versículo 9?

¿Qué nos dice el versículo 5 acerca de la práctica de la adoración en el hogar de Abraham?

¿Cómo nos muestra el versículo 7 que Isaac estaba familiarizado con las prácticas de adoración de Abraham?

 ## INFORMACIÓN ADICIONAL

Isaac nació de Abraham y Sara como resultado de la promesa del pacto (17.1). El mandato divino a Abraham de sacrificar a Isaac fue la prueba suprema que demostraría tanto la reverencia de Abraham como su confianza en la fidelidad divina a la promesa del pacto. Preparó a Isaac para ser ofrecido, con la certeza de que Dios lo levantaría de la muerte misma (Heb 11.19). Dios intervino a tiempo y proveyó un cordero para ser sacrificado en lugar de Isaac. Esta es una dramática prefiguración de la ofrenda que Dios habría de dar mediante su Hijo unigénito para que muriera en lugar nuestro (Jn 3.16). El pacto de amor de Dios le dio un hijo a Abraham y el amor del pacto proveyó un sacrificio sustituto para salvar a ese hijo. Siglos después, el amor del pacto haría que Dios entregara su propio Hijo como sacrificio de sangre por los hijos del hombre.[3]

Más adelante leemos en Génesis que el pacto de Dios con Abraham se reafirmó en Isaac (26.2-5). ¿Qué comprensión de la promesa del pacto de Dios piensa que Isaac mostró en el capítulo 22?

¿Qué clase de sacrificio nos dice Hebreos 13.15 que debemos ofrecer ahora?

INFORMACIÓN ADICIONAL

¿Por qué la alabanza a Dios constituye un sacrificio? La palabra «sacrificio» (griego, *thusia*) viene de la raíz *thuo*, verbo que significa «matar por un propósito». La alabanza con frecuencia requiere que nosotros «matemos» nuestro orgullo, temor, dejadez o cualquier cosa que amenace disminuir o interferir con nuestra adoración al Señor. Descubrimos también aquí el fundamento de toda nuestra alabanza: el sacrificio de nuestro Señor Jesucristo. Es por Él, en Él, con Él, a Él y para Él que ofrecemos nuestro sacrificio de alabanza a Dios. La alabanza nunca será estorbada con éxito, siempre que la dirijamos hacia Él, el Autor y Consumador de nuestra salvación. ¡Su cruz, su sangre, su amor, que nos ha dado el don de la vida y el perdón de nuestros pecados, hacen que la alabanza que le tributamos constituya un sacrificio vivo![4]

FE VIVA

¿Alaban en su familia juntos al Señor? ¿Cómo lo hacen?

¿Cuáles son algunas maneras en que usted puede incorporar la alabanza naturalmente en su vida familiar?

¿Por qué piensa que la alabanza al Señor en su hogar es importante espiritual, emocional y mentalmente?

LA FAMILIA QUE ORA UNIDA

En Génesis 18.22-33 vemos a Abraham intercediendo por Sodoma, y de este modo por su sobrino Lot y su familia. Asimismo se nos llama a orar. Nuestro modelo de oración se nos da en Lucas 11.2-4. Lea la oración modelo en Lucas 11.2-4. Anote los diferentes temas que se abarcan en la oración:

INFORMACIÓN ADICIONAL

Las palabras de Jesús «Venga tu reino» son más que una sugerencia a orar por un distante día milenial, pues todo en esta oración tiene que ver con la vida cotidiana. No se trata de una fórmula para ser repetida, sino más bien un modelo a seguir. La parte dedicada a la adoración no estará quizás limitada a una frase. Las peticiones no se referirán solamente al pan. Se implorará perdón por pecados específicos, y el orar para que el reino de Dios venga, en la actual situación mundial, no es algo que se va a cumplir súbitamente. El modo verbal y el tiempo de «Venga tu reino», significa en esencia: «Padre, que tu reino venga aquí y ahora».

A semejante *apelación* en una oración se le llama *intercesión*. La motivación para orar así surge cuando reconocemos la importancia que Jesús le atribuyó a la oración, como algo que nos ayuda a desempeñar nuestra función de «administradores del reino». Sin la intervención del gobierno de Dios a través de la oración, las circunstancias de la tierra se impondrán inevitablemente. Las necesidades terrenales deben estar sujetas a la voluntad de Dios tanto aquí, «como en el cielo». Ni la debilidad del gobierno humano (la carne), ni la depravación de las obras del infierno (el diablo) prevalecerán. Sólo el poder de Dios puede cambiar las cosas y traer el gobierno del cielo (el reino) a la tierra, y la gloria y el mérito por el resultado de las oraciones le pertenecen. Sin embargo, a nosotros corresponde orar: a menos que pidamos la intervención de su reino y obedezcamos sus indicaciones sobre la oración, nada cambiará. Todo el ministerio del reino comienza, se sostiene y triunfará por medio de la oración.[5]

Lea los siguientes versículos y anote lo que prometen que logrará la oración:

Mateo 17.21

Hechos 10.4

Filipenses 4.6

Santiago 5.15,16

¿Cuándo se supone que debemos orar?

Lucas 18.1

1 Tesalonicenses 5.17

¿Por qué debemos orar?

Salmo 122.6

Mateo 5.44; 9.38; 26.41

Lucas 22.40

Hebreos 13.18

¿Quién nos ayuda a orar?

Romanos 8.26

Nuestra familia ora unida bastante: en las comidas, a la hora de dormir, camino a la escuela, al recibir una llamada telefónica urgente, cuando alguien se enferma, en los juegos deportivos, en la iglesia y todo el día el uno por el otro. ¿Cuánto ora su familia?

¿Son estas ocasiones de libertad y franqueza o violentas y difíciles para uno o más miembros de la familia?

¿De qué maneras puede lograr que los tiempos de oración sean más espontáneos en su hogar? ¿O hay resistencia a participar?

Al movilizar a nuestras familiar a una vida de oración más activa debemos reconocer que como líderes espirituales dentro de nuestra familia, el cambio en los hábitos de oración tendrá que empezar con nosotros.

PARTICIPEMOS EN LA CENA DEL SEÑOR

Primera de Corintios 11.24-25 nos dice que debemos participar «en memoria de mí» (Jesús) en la Cena del Señor. Hay múltiples ocasiones en el curso de la vida familiar que necesitamos recordar lo que Jesús nos ha conseguido mediante su muerte y lo que Él nos llama a vivir a través de su vida. Necesitamos recordar que tenemos a nuestra disposición sanidad por medio de su cruz cuando alguien se enferma. Necesitamos recordar que Él es nuestro Proveedor de todo cuando las finanzas están bajas. Necesitamos recordar que Él es nuestro Perdonador cuando hemos pecados los unos contra los otros. Y la lista sería interminable.

En Génesis 14.18 vemos a Abraham participando del pan y de la copa mientras Melquisedec, el sacerdote del Dios Altísimo, sale a bendecirlo después de una batalla.

Lea 1 Corintios 11.23-30 y responda las siguientes preguntas. ¿Qué debemos recordar cuando participamos en la Cena?

¿Piensa que sólo debemos recordar los hechos ocurridos en la cruz o debemos alabar a Dios por lo que se logró allí, o ambas cosas? Explique su respuesta.

Los versículos 27-29 nos dan una seria y sombría advertencia. ¿Qué cree que esta significa?

¿Qué clase de actitud hacia la comunión piensa que se requiere al acercarnos a la mesa?

Lea el versículo 30. ¿En qué se relaciona esto con recibir la comunión?

¿Es posible que algunos estén enfermos debido a que no han recibido la sanidad que está a su disposición mediante la cruz?

 INFORMACIÓN ADICIONAL

Así como el acto del bautismo en agua declara o confiesa exteriormente una experiencia interior de salvación por medio de la sangre del Señor Jesús, cada vez que se celebra la Cena del Señor es una poderosa ocasión para confesar la fe. En esta ordenanza, el cristiano confiesa ante todos que no solamente ha creído, sino que no ha olvidado. «En memoria» abarca más que simplemente un recuerdo; la palabra sugiere un «recuerdo activo» (Wycliffe).

La palabra «porque» introduce la razón del porqué la Cena del Señor se repite continuamente. Se trata de un sermón representado, en el que se «proclama» la muerte del Señor. Se nos dice explícitamente que el acto externo, al tomar el pan y la copa, constituye una confesión activa de fe; que significa literalmente, «anunciáis» (v. 26). Cada ocasión de participar es una oportunidad de decir, de proclamar, o de *confesar.* «Por este medio acepto todos los beneficios de la plena redención de Cristo Jesús: perdón, recuperación, fuerza, salud, suficiencia». La Cena del Señor no ha de ser simplemente un recordatorio ritual, sino una confesión activa, mediante la cual activamos la memoria, y nos apropiamos *ahora* de todo lo que Jesús ha provisto y prometido por medio de su cruz.[6]

LA PALABRA EN NUESTRAS FAMILIAS

Abraham no tuvo el beneficio de tener la Palabra escrita de Dios para estudiar. Pero vivió mediante la Palabra que Dios le habló, y modeló su vida conforme a esta en todo aspecto. Copie Romanos 4.20,21 para ver cómo vivió Abraham.

RIQUEZA LITERARIA

Abraham aprendió a «vivir su vida por el *logos* de Dios». La mayoría de nosotros estamos familiarizados con la palabra griega *logos*, que describe a la Palabra de Dios en sus varias manifestaciones. *Strong (#3056)* define *logos* como «una transmisión de pensamiento, comunicación, una palabra de explicación, un pronunciamiento, discurso, revelación divina, declaración, instrucción, un oráculo, promesa divina, doctrina divina, declaración divina. Jesús es el *logos* viviente (Jn 1.1); la Biblia es el *logos* escrito (Heb 4.12); y el Espíritu Santo pronuncia el *logos* hablado (1 Co 2.13)».[7]

 FE VIVA

Lea los siguientes versículos que nos hablan de las veces que el Señor le habló a Abraham. ¿Qué le dijo Dios y qué hizo Abraham?

Génesis 12.1-8

Génesis 13.14-18

Génesis 15.1-6

Génesis 17.1-10,23-27

Génesis 18.10-15; 21.1-4

Génesis 22.1-14

¿Le habla Dios así de claro hoy? Si no, ¿opina que Él quiere hacerlo?

¿Cómo piensa que oír la voz de Dios (sea por medio de una visión, impresión o la Biblia) influiría en su vida familiar? ¿Cómo influyó en la familia de Abraham?

Haga una lista de varias maneras en que el Señor le ha hablado respecto a su familia. ¿Cuáles fueron los resultados?

INFORMACIÓN ADICIONAL

«Todos tenemos muy poca experiencia en la vida como para vivirla sin guía alguna. La Palabra de Dios es esa guía. El Salmo 119 revela múltiples aspectos de la Palabra de Dios, y muestra cuánto puede asistirnos en las circunstancias prácticas de la vida. Pero ningún versículo en particular aborda esto más claramente que el v. 105, donde la Palabra de Dios se compara a una lámpara que alumbra nuestro camino, dirige cada uno de nuestros *pasos* ("a mis pies"), y brinda sabiduría a nuestros planes futuros ("a mi camino"). Josué vincula la aplicación regular de la Palabra de Dios a la vida como el camino más seguro, tanto para el éxito como para la prosperidad (Jos 1.8). Además, el Salmo 119.130 destaca la sabiduría que la Palabra de Dios ofrece al "simple" (del hebreo *pethawee*). Una verdad que advierte contra tomar decisiones basadas en sinrazones o engaños humanos. También Proverbios 6.23 nos recuerda que las "admoniciones" o correcciones que la Biblia contiene son parte de la "luz" que nos ofrece, tanto como cualquier otra afirmación positiva que podamos hallar en ella. Permite que la Palabra de Dios te guíe, corrija, instruya, dirija, enseñe y confirme. *Jamás* te apresures a actuar sin ella».[8]

Un desacierto que los padres con frecuencia cometen es dar por sentado que sus hijos simplemente «absorberán la Palabra» en el ambiente de un hogar creyente. O creen que lo que sus hijos reciben en la Escuela Dominical cada semana será suficiente como para enseñarles las creencias y doctrinas básicas de las Escrituras. Pero, como en la mayoría de los demás aspectos de las vidas de nuestros hijos, se requiere mucho más que eso. La Palabra en nuestras familias debe ponerse en práctica frente a ellos. Requiere enseñanza, explicación, demostración, aplicación, ilustración, análisis, memorización; literalmente, incorporar en nuestras vidas todo lo que la Escritura puede significar. Cuando hagamos esto, empezaremos a ver incorporado en nuestros hogares y en las vidas de nuestros hijos el gran lugar que la Biblia promete para quienes aman la ley de Dios (véase Sal 119.165).

FE VIVA

¿Qué está haciendo hoy en día para ayudar a sus hijos a aprender y a incorporar en sus vidas la Palabra de Dios?

¿Cuáles son algunas cosas que pudiera empezar a hacer para lograr esta tarea?

Mencione tres maneras en que ha visto que la paz del Espíritu Santo permea su hogar como resultado de la Palabra.

GUERRA ESPIRITUAL PARA LA FAMILIA

En Génesis 14.14-17 vemos a Abraham yendo a la batalla para rescatar a Lot y a su familia. En el caso de Abraham, él participó en una batalla auténtica contra gobernantes reales de un territorio. ¿Contra quién o contra qué batallamos nosotros?

Efesios 6.12

1 Pedro 5.8

Alabado sea Dios, Él no nos deja sin defensa en contra de nuestro adversario. En Efesios 6.10-18 el apóstol Pablo describe la armadura y las armas que debemos ponernos. ¿Cuáles son?

RIQUEZA LITERARIA

Pablo nos amonesta a que tomemos toda la armadura de Dios, a fin de estar firmes contra las fuerzas del infierno. No cabe dudas que nuestra lucha no es contra fuerzas físicas, sino contra poderes invisibles, los cuales han definido claramente niveles de autoridad dentro de una esfera real, aunque invisible, de actividad. Sin embargo, Pablo no solamente nos advierte de una estructura bien definida en la esfera invisible, sino que nos insta también a tomar toda la armadura de Dios para que mantengamos una «posición de combate» contra esta invisible estructura satánica. Toda esta armadura no constituye tan solo una protección pasiva contra el enemigo; ella debe ser usada como arma ofensiva contra las fuerzas satánicas. Nótese la última recomendación de Pablo: Debemos orar «en todo tiempo con toda oración y súplica en el Espíritu» (v. 18). Así, la oración no es tanto un arma, ni aun una parte de la armadura, como el medio por el cual entramos en la batalla misma y realizamos el propósito para el cual nos hemos armado. Tomar la armadura de Dios es prepararnos para la batalla. La oración es la batalla en sí misma, con la Palabra de Dios como nuestra arma principal, que empleamos en la lucha contra Satanás.[9]

FE VIVA

En nuestra cultura, la batalla por la familia puede librarse en casi cualquier dimensión, desde el abuso de drogas, sustancias químicas y la violencia, hasta las actitudes, desobediencia, las influencias negativas de los medios de comunicación masiva y el exceso de trabajo. En la vida de su familia, en este momento, ¿dónde piensa que se está librando la mayor batalla?

¿Le ha dado el Señor direcciones específicas en oración para ver la culminación de esta batalla?

Anote una promesa de la Palabra de Dios que le promete victoria en esa área.

INFORMACIÓN ADICIONAL

[En Mateo 11.12] Jesús se refiere a la «violencia» del reino. La singular construcción gramatical del texto no deja bien claro si el reino de Dios es objeto de la violencia, o si el reino avanza victorioso en medio de violentos conflictos y batallas espirituales. Pero esto último es lo que parece indicar el contexto. Las referencias de Jesús al estilo agresivo de Juan, y al controversial y milagroso ministerio de Elías, enseñan que el reino de Dios se abre paso con fuerza, violentando el status quo humano. Transciende la «delicadeza» (v. 8) de los graves formalismos religiosos y no es un mero juego de muchachos (vv. 16,17). Rehúsa «bailar al compás» de la música que mueve a la sociedad, la cual pretende hacer que la comunidad religiosa provea entretenimiento («os tocamos flauta») o tradicionalismo muerto («os endechamos»).

Jesús define la «violenta» expansión de su reino al hablar de la «espada» y el «fuego», símbolos del combate político o militar (compárense Mt 10.34-39 y Lc 12.49-53 con Jn 18.36). El trastorno ocasionado por el reino de Dios no obedece a una provocación política o una invasión militar; es consecuencia de la sacudida que el orden de Dios provoca en las relaciones sociales, las familias, ciudades y naciones, debido a la manifestación del Espíritu Santo en la vida de la gente (véase también Lc 16.16).[10]

Jamás debemos vacilar para ministrar o entrar en guerra. ¡Jesús mismo nos ha dado el poder! Pero recuerde que ese ministerio empieza en casa.

DONES ESPIRITUALES EN LA FAMILIA

Con demasiada frecuencia nuestro concepto de operación de los dones espirituales queda confinado a la sanidad milagrosa o la concesión de lenguas e interpretación. Y aun cuando es obvio que los dones espirituales incluyen esas áreas, pueden extenderse mucho más, ¡especialmente en nuestras familias!

En Génesis 18.16-33 vemos que Abraham recibe un don espiritual en la forma de una palabra de conocimiento: el Señor sólo le dijo a Abraham lo que iba a hacer para que este intercediera. A menudo, al criar a nuestros hijos, recibimos tales dones respecto a las actitudes, decisiones vitales, encrucijadas, amigos y vidas espirituales de ellos. El Señor incluso nos ha mostrado cosas respecto a aspectos prácticos tales como salud, calificaciones escolares y necesidades de sueño. Dios está inmensamente interesado en cada aspecto de nuestras vidas, y está listo y dispuesto a dirigirnos en esas áreas si acudimos a Él.

FE VIVA

Lea 1 Corintios 12.7-10 y haga una lista de los nueve dones del Espíritu Santo.

¿Hay maneras en que haya visto en función alguno de estos dones en la vida de su familia? ¿Cuáles?

¿Teme o vacila de alguna manera respecto a los dones del Espíritu Santo que actúan dentro de su familia? ¿Por qué?

¿En qué forma la instrucción y el estímulo de 1 Corintios 12 responde a alguno de los temores que usted quizás tenga?

¿Cuáles son algunas formas en que podría acoger el funcionamiento de estos dones en su familia? (por ejemplo, cuando alguien se enferma, podría orar por sanidad como su «primer recurso» en lugar de acudir al médico).

UNA PALABRA RESPECTO A LA SANIDAD

Los cristianos, en su celo, algunas veces pueden soslayar la sabiduría práctica de acudir al médico. Descartan que el Señor puede haberles dado el don de sabiduría al acudir a ver al médico, ¡donde Él pone en acción un don de sanidad en ellos mediante el médico! Todo don perfecto viene del Padre (Stg 1.17), y es seguro afirmar que algo (la medicina) y alguien (el médico) que ayuda a que la gente se ponga bien es un buen don. De modo que ore primero, pero si el Señor le dice que vaya a ver al médico, no se sienta como que su fe ha fallado. ¡Vaya con la certeza de que así es como Dios quiere obrar la sanidad en su familia en esta ocasión!

FE VIVA

Apenas hemos escarbado la superficie de las lecciones que pudiéramos aprender de la vida de nuestro padre Abraham. Por ejemplo, Abraham también trató a su familia extendida sin egoísmo (13.7-11), rehusó hacer componendas (14.22-24; 24.6); mantuvo a sus hijos en la prioridad apropiada delante del Señor (22.1-14); tuvo sus finanzas en orden (14.20) y una relación armoniosa con su esposa (1 P 3.6). Incluso por medio de los fracasos de Abraham aprendemos lecciones de un hombre listo a enmendar sus equivocaciones (20.7-18) y la fidelidad del Señor a las madres solteras (21.16-20). Haga planes para que en los días sucesivos dedique tiempo para examinar más de cerca la vida de Abraham y anotar otras lecciones que podemos aprender de él. Génesis 11.26—25.10 abarca la vida de Abraham, pero se le menciona en toda la Biblia. Los siguientes pasajes bíblicos son algunos de los que le ayudarán a empezar.

Romanos 4.1-16

Gálatas 3.6-18

Hebreos 11.8-19

Santiago 2.21-23

1. «Dinámica del Reino: "La persona prototipo del reino"», *Biblia Plenitud*, p. 21.
2. «Dinámica del Reino: Enseña a tus niños la alabanza», *Ibid.*, p. 754.
3. «Dinámica del Reino: Isaac, el resultado del pacto», *Ibid.*, p. 34.
4. «Dinámica del Reino: El sacrificio de alabanza», *Ibid.*, p. 1640.
5. «Dinámica del Reino: Oración e intercesión», *Ibid.*, p. 1307.
6. «Dinámica del Reino: Fe en la mesa del Señor», *Ibid.*, p. 1493.
7. «Riqueza literaria: 19.20 palabra», *Ibid.*, p. 1426.
8. «Dinámica del Reino: La Palabra de Dios y una vida práctica y fructífera», *Ibid.*, p. 740.
9. «Dinámica del Reino: La guerra espiritual», *Ibid.*, p. 1552.
10. «Dinámica del Reino: Arrebatado por fuerza», *Ibid.*, p. 1205.

Printed in the USA
CPSIA information can be obtained
at www.ICGtesting.com
LVHW030712050824
787165LV00011B/139